Tourism Resources

관광자원론

안종수 · 김 건 공저

"관광자원이란 관광객에게 관광동기를 유발하는 매력물로서 유형, 무형의 여러 자원을 포함하여 자연적 관광자원과 문화역사적 관광자원, 사회적 관광자원, 산업적 관광자원, 그리고 관광시설자원 등을 포함한 매력 가치를 지닌 것"이라 정의하며 관광객과 시대의 흐름에 따라 관광매력의 정도는 변화할 수 있다.

백산출판사

머리말

200만 년 전 인류의 조상이 아프리카 대륙에 나타난 후 인류의 역사는 항상 이동의 역사였다. 생존을 위한 이동이었던 초기와는 달리 문명시대 이후의 인류는 경제적, 종교적, 사회적 이유 등으로 특정 목적지를 향해 이동하기 시작했다. 고전적 의미의 관광자원은 이러한 특정 목적지를 의미하며 관광의 3요소인 주체, 객체, 매체 중에서 객체에 해당한다고 할 수 있다.

관광 객체는 관광 주체인 관광자의 수요와 욕구에 부합하여 내적인 만족감을 주는 관광시설 및 관광자원을 의미한다. 하지만 시대의 변화에 따라 관광 주체나 매체도 관광자원으로 선택되기도 한다. 관광자원은 관광객으로 하여금 관광욕구를 불러일으키는 관광에 있어 가장 핵심적인 부분이다. 이렇듯 중요한 관광자원은 그동안 다양한 저술과 논문으로 많은 연구가 이루어졌으나 관광의 정의, 관광현상에 대한 분석, 관광자원 개발 등과 같은 부분을 심도 깊게 다루면서 전공분야 학생들이 상대적으로 접근하기에 다소 무겁고 어려웠던 것이 사실이다.

본 교재는 관광을 전공하는 학생들이 기초적인 지식과 소양을 갖출 수 있도록 하는 데 목적을 두고, 보다 쉬운 접근을 위해 사진과 해설을 많이 삽입하여 집필하고자 하였다.

내용적인 면으로는 관광자원의 개념과 특성, 종류에 대해 이해할 수 있도록 했으며 관광자원을 자연 · 문화역사 · 사회 · 산업 · 관광시설 자원으로 분류하여 장별로 정리하였다.

지금까지 국내에서 발행된 기존의 관광자원 전공도서 내용과는 달리 본서는 두 가지 특징을 가지고 있다. 첫째는 최근 관광의 트렌드 변화가 빠르고 자원 내용이 과거에 비해서 다양해짐에 따라 전통적 분류체계인 자연적 · 문화적 ·

사회적 · 산업적 자원종류에 최근 일부 학자들이 추가하고 있는 시설적 자원을 중점적으로 보완하였다. 둘째는 기존 전공서가 국내자원 중심으로 기술하여 왔으나 본서에서는 국내자원뿐만 아니라 세계의 대표적인 주요 관광자원을 분류체계의 주제별로 제시함으로써 학생들의 관광자원을 바라보는 시각을 넓고 풍부하게 하는 데 기여하고자 하였다.

본 교재는 저자들의 기존 저서와 강의자료, 선배 연구자들의 선행 연구자료, 그리고 시대적 흐름에 따라 각종 자료를 관광관련 기관인 문화체육관광부, 한국관광공사, 한국문화관광연구원, UNWTO, 일본 관광청, 각 지자체 등에 요청하여 참고해서 작성하였다. 이러한 인용과 활용을 허락해 주신 선배 연구자들과 각 기관의 담당자들에게 감사드린다. 특히 귀중한 사진자료의 사용을 허락해 주시고 일부러 찾아서 보내주신 여러 지인들에게 특별한 감사의 마음을 전한다.

본 교재를 완성하면서 관광지리 및 관광자원분야의 국내 권위자로서, 부족한 필자에게 끊임없는 지도와 격려를 아끼지 않은 은사이신 안종수 교수님께 그동안의 사랑과 은혜에 보답할 수 있는 것 같아 기쁘면서도 행여나 누를 끼치지 않을까 하여 무거운 마음이다. 초판의 미진한 부분 및 오류에 대한 지적을 겸허히 받아들여 지속적인 보완과 수정으로 본 교재의 가치를 높이는 작업에 매진할 생각이다. 또한 교재를 준비하는 과정에서 음으로 양으로 많은 도움을 주신 중부대학교 선배 교수님들께 감사드리고 원고 교정을 위해 수고하고 평소에도 많은 도움을 준 이수정 선생에게도 고마운 마음을 전한다.

마지막으로 책의 출판을 맡아주신 백산출판사 진욱상 사장님과 편집부 여러분께 감사의 인사를 드린다.

2016년 7월 1일

저자 대표 김 건

목 차

CHAPTER 1

관광자원

1. 관광자원의 개념
2. 관광자원의 특성
3. 관광자원의 의의
4. 관광자원의 종류

Chapter 1

관광자원

1. 관광자원의 개념

여행은 인간의 기본적 욕구 중 하나이다. 항구에서 먼 수평선을 바라볼 때, 기차역에서 떠나는 기차를 볼 때 인간은 미지의 세계로 떠나고자 하는 강렬한 욕구를 느낀다. 근대 이전의 인간의 역사는 생존을 위한 이동의 역사였고 점차로 일이나 유람을 목적으로 다른 고장이나 외국에 가는 여행이 출현했다. 즐거운 여행을 하는데 필요한 5가지 관광요소가 있다. Gunn(1979)의 분류에 따르면 여행자, 교통수단, 정보와 안내, 숙박 · 음식 등 서비스 시설 그리고 관광의 대상인 매력물이 5가지 관광요소이다. 여기서 매력물이란 곧 관광자원을 의미한다.

관광자원이라는 말은 1920년대부터 사용하기 시작했고 관광객의 관광동기와 행동을 유발하는 유 · 무형의 매력요인이다. 자원의 원래 의미는 자연상태에서 얻을 수 있는 광물, 식량, 목재 등 자연자원만을 의미했으나, 현대에 와서는 자연을 포함한 유형적인 자원뿐 아니라 무형적인 재화도 모두 자원으로 인식하고 있다.

관광자원은 인간의 관광동기를 충족시켜 줄 수 있는 생태계 내의 유형 · 무형의 모든 자원으로써 보존 · 보호하지 않으면 가치를 상실하거나 감소할 수 있다.

즉 관광자원은 자연 그대로의 자원뿐만 아니라, 전통이나 관습, 역사 등의 인간의 삶과 관계된 문화자원, 자본과 기술이 추가로 투입되어 만들어진 산업자원도 포함된다.

즉 관광자원은 관광의 목적과 형태에 따라 매우 다양하고 시대의 변화와 흐름에 따라 기존의 관광자원도 매력을 상실하기도 하고 또 새로운 관광자원이 급부상하기도 한다.

예를 들어 경제개발의 대상에서 제외되어 타의적으로 자연환경을 보존하였던 지역들이 깨끗한 환경과 넉넉한 인심으로 도시민들에게 휴식의 대상으로 인기를 끌기도 하고 성장의 논리에서 귀중한 문화재나 깨끗한 환경을 파괴했던 지역들은 관광자원의 매력을 상실하게 되기도 한다.

이에 따라 본 책에서는 관광자원의 정의를 다음과 같이 서술하고자 한다.

"관광자원이란 관광객에게 관광동기를 유발하는 매력물로서 유형, 무형의 여러 자원을 포함하여 자연적 관광자원과 문화역사적 관광자원, 사회적 관광자원, 산업적 관광자원, 그리고 관광시설자원 등을 포함한 매력 가치를 지닌 것"이라 정의하며 관광객과 시대의 흐름에 따라 관광매력의 정도는 변화할 수 있다.

2. 관광자원의 특성

대부분의 관광자원은 그것이 이용되든가 소비됨으로써 사용에 의해 원형이 없어지거나 모양이 달라지지 않는다. 이런 의미에서 일반 자원과는 큰 차이가 있으며 몇 가지 특성을 가지고 있다.

관광객의 욕구나 동기를 일으키는 매력성을 가지고 있어야 한다. 관광자원의 매력성은 원시적인 자연미, 신기함, 특이성 등과 같이 관광객의 욕구에 따라 다양하게 나타난다. 또한 대부분의 관광자원은 비소모성 특징을 가지고 개별적 이용에 의해서는 소모되지 않는 공공성을 보여준다. 그리고 개발을 통해서도 관광대상이 된다. 여기서 개발이란 보통 현재의 상태보다 나은 상태나 과정을 지향하는 것을 의미한다.

현대 사회의 다양성은 관광자원을 정의함에 있어 매우 넓은 범위를 가지게 한다. 즉 현대 사회의 다양성이 관광객 취향의 다양화로 이어지고 있는 것이다.

관광자원은 사회구조나 시대에 따라서도 가치를 달리한다. 이러한 현상은 관광지의 환경 구성요소들의 특성이 다르고 현대 사회에서 관광객들의 욕구가 급속히 변하는 데 그 원인이 있다.

마지막으로 관광자원은 보존 또는 보호를 필요로 한다. 관광자원은 관광욕구충족 및 관광경험의 질을 유지·향상시키기 위해 보호·보존되어야 한다. 일반자원과 달리 보호·보존되지 않으면 가치가 하락하거나 상실될 우려가 있기 때문이다.

3. 관광자원의 의의

관광자원의 의의는 다양한 측면에서 찾아볼 수 있다.

첫째, 관광사업 측면에서 수요가 창출되어야 한다.

이는 관광배후시장의 요구에 부응하여 관광대상으로서 관광자원의 가치에 주목하는 것이다. 관광자원은 관광객의 수요를 창출할 수 있는 관광상품으로 제공될 때 의미를 가진다.

그러나 산업적 관광자원 같은 일부를 제외하고 자연이나 문화적 자원들은 지나치게 과수요하게 되면 파괴되거나 변형되기 쉽기 때문에 수요와 공급의 적절한 균형을 맞추는 것이 중요하게 된다.

둘째, 관광객 측면에서 위락적, 문화적, 교육적 가치를 갖는 관광대상물로서 관광객에게 매력성과 유인성 또는 호기심을 갖는다.

관광자원은 관광객의 욕구를 일으키고 충족시켜주는 목적물이다. 구체적으로는 아름답고 감탄을 자아내는 자연경관, 진귀한 문화재나 독특한 분위기를 가지는 풍속, 생활양식들, 즐거움을 주는 대규모 인공 시설물들로 방문하는 관광객에게 오락적, 문화적, 교육적으로 만족감을 줄 수 있어야한다. 셋째, 경제성을 가져야 한다. 특정지역이 보유하고 있거나 보유할 수 있는 자원이 관광객의 필요와 수요에 의해 관광자원이 되고, 즉 관광상품으로서 시장에 진입하여 소비가 이루어지게 된다. 그러나 단지 일회성에 그치지 않으려면 그 상품 스스로의 경쟁력으로 수익을 올릴 수 있는 구조를 만드는 것이 매우 중요하다. 경제성을 가지고 있어야 관광자원으로의 경쟁력을 유지할 수 있기 때문이다.

이처럼 관광자원은 크게 관광사업체와 관광객에 의해 이용되고 또한 두 집단에게 이익을 주어야 관광자원으로서 의미가 있는 것이라고 할 수 있다.

인간의 손길이 더해져서 관광자원으로서 매력을 가진 좋은 예가 일본의 삿포로 눈 축제이다. 일본 북단 홋카이도(北海道)의 겨울은 폭설과 추위가 반년동안 지속된다. 삿포로(札幌)의 유키마쓰리는 이러한 기후를 축제로 승화시켜 관광자원화한 눈 축제이다.

또한 우리나라의 경우 보령의 머드 축제가 이러한 경우에 속한 유명한 사례이다. 1996년부터 청정개펄에서 채취한 양질의 바다진흙을 가공하기 시작하였고, 1998년에는 처음으로 축제를 개최하기 시작하여 국내외 관광객들의 관심을 끌고 있다.

4. 관광자원의 종류

일반적으로 관광자원의 분류는 자원의 성격, 이용수준, 제도, 입지, 관리주체, 체재 기간 등에 따라 분류할 수 있는데, 이 중 관광자원의 성격에 따라 분류하는 것이 가장 일반적이라고 할 수 있다.

관광자원을 분류하는 이유는 관광지를 구성하고 있는 환경요인 및 요소를 대상으로 관광자원의 잠재력을 평가할 객관적인 단위와 기준을 설정함으로써 관광객에 대한 흡인력과 수용력을 효율적으로 측정하려는 데에 있다.

학자들의 일반적인 관광자원의 분류는 첫째, 관광자원을 존재 형태에 따라 유형관광자원과 무형관광자원으로 나누고, 둘째, 관광자원의 성격에 따라 인문관광자원과 자연관광자원으로 유형화한 뒤 인문관광자원을 세분화한 학자들과 처음부터 자연적 관광자원, 문화적 관광자원, 사회적 관광자원, 산업적 관광자원으로 유형화한 학자들이 있다.

먼저, 북미권에서 관광자원의 유형을 구분한 내용을 살펴보면 다음과 같다. 미국의 옥외 레크리에이션 자원평가위원회(ORRC, Outdoor Recreation Resources

Review Commission, 1962)는 레크리에이션 자원을 물리적 자원 특성, 개발과 관리 실태, 이용 정도, 예상행동 패턴 등에 근거하여 고밀도 위락지역, 일반옥외위락지역, 자연환경지역, 독특한 자연지역, 원시지역, 역사 · 문화지역으로 나누고 있다.

Robinson(1976)은 지리학적인 관점에서 관광자원의 특성과 유형을 파악하는 것이 관광개발의 전제조건이 된다고 하면서, 관광자원의 유형을 기후, 경관, 위락시설, 역사 · 문화유적, 접근성, 숙박시설 등을 들어 관광시설을 관광자원에 포함시킴으로써 관광자원의 범위를 확대해석하였다.

Gunn(1979)은 관광자원을 관광의 유형과 토지 이용단위별로 분류하였는데 먼저 관광유형을 주유형과 체재형으로 나누고, 토지이용 단위별로는 관광자원을 자연자원, 문화자원, 복합성 자원으로 나누었다.

Burkart과 Medlik(1982)은 관광자원을 자원중심형(resource-based)과 이용자 중심형(user-oriented)으로 나누었으나, 이들은 관광자원을 구분하는 기준이 문제가 아니라 정도의 문제라고 하면서, 서로 배타적으로 양분되는 관계는 아니라고 하였다. 이때, 자원중심형 자원은 매력적인 관광자원을 바탕으로 관광동기를 일으키게 하는 자원의 질(quality)이 중요한 요인으로, 이용자 중심형 자원은 접근성을 중요시하는 자원이라고 설명하였다

McIntosh(1986)는 관광자원을 자연자원과 환대 · 문화자원으로 구분하였는데, 이때 환대 · 문화자원이란 관광객을 유인하게 되는 지역의 문화유산으로, 예술, 문화, 역사, 음악, 쇼핑뿐만 아니라 지역주민의 태도나 환대성까지도 포함하는 개념이라고 하였다. 이외에 관광공급요소로 하부구조(기반시설), 상부구조, 교통시설이 있다고 하였다.

북미권 학자들이 관광자원을 분류한 내용을 정리하면, 다음의 〈표 1-1〉과 같다.

•표 1-1 **북미권 관광학자들의 관광자원 분류**

학자	관광자원 분류	
ORRC (1962)	• 물리적 자원 특성 • 개발과 관리 실태 • 이용 정도 • 예상행동 패턴 등	• 고밀도 위락지역 • 일반옥외 위락지역 • 자연환경지역 • 독특한 자연지역 • 원시지역 • 역사 · 문화지역
Robinson (1976)	• 기후, 경관, 위락시설, 역사 · 문화유적, 접근성, 숙박시설	
Gunn (1979)	• 관광 유형	• 주유형 관광대상(touring attraction) : 도시 및 역사 · 문화적 속성이 강한 대상 • 체재형 관광대상(destination attraction) : 자연 및 위락적 속성이 강한 대상
	• 토지이용단위별	• 자연자원(natural R.) • 문화자원(cultural R.) • 복합성 자원(natural or cultural R.)
Burkart and Medlik (1982)	• 자원중심형 (resource-based)	독특한 경치, 매력적인 해안, 고대기념비 및 역사적 건물 등 관광동기를 일으키게 하는 자원의 질(quality)이 중요한 요인
	• 이용자중심형 (user-oriented)	스포츠센터, 공유지, 공원, 산림 등 접근성을 중요시하는 자원
McInttosh (1986)	• 관광자원	자연자원
		환대 · 문화자원 : 관광객을 유인하게 되는 지역의 문화유산(예술, 문화, 역사, 음악, 쇼핑), 지역주민의 태도 및 환대성
	• 관광공급요소	하부구조(기반시설), 상부구조, 교통시설

한편, 국내 관광학자들의 관광자원 정의를 살펴보면 김진섭(1981)은 관광자원의 유형을 자연적, 문화적, 사회적, 산업적 자원 4가지로 가장 먼저 분류 제시하였다.

김병문(1984)은 관광자원의 유형을 자연적 관광자원, 인위적 관광자원, 사회적 관광자원, 산업적 관광자원으로 구분했다. 이후 김홍운(1987)은 자연관광자원, 문화관광자원, 사회관광자원, 산업관광자원의 기존 분류형태에 레크리에이션자원을 추가하였다. 박석희(1995)는 관광자원의 종류를 자연자원, 인문자원, 관광시설자원 등 세 가지 유형을 제시하였다.

안종윤(1998)은 자연자원, 문화자원, 인적자원, 기타 새로운 자원으로 분류하였다.

김계섭(2000)의 경우 관광자원을 기본적인 관광요구를 충족시킬 수 있는 볼거리, 배울 거리, 놀 거리를 제공하는 자연자원과 인문자원으로 구성되어 있다고 관광시설자원으로 분류하여 주장했다

•표 1-2 **국내 관광학자들의 관광자원 분류**

학자	관광자원 분류
김진섭 (1981)	• 자연적 관광자원 : 지형, 지질, 천문 기상, 동 · 식물 • 문화적 관광자원 : 유형문화재, 무형문화재, 민속문화재, 기념물, 매장문화재 • 사회적 관광자원 : 풍속, 예절, 제도, 음식물, 예술, 예능, 체육, 교육, 문화시설 등 • 산업적 관광자원 : 공장시설, 농장, 목장시설, 사회공공시설
김병문 (1984)	• 자연적 관광자원 : 산악, 구릉, 호수, 폭포, 산림, 해안, 지질 등 • 인위적 관광자원 : 문화관광자원 – 문화재, 기념물, 민속자료 • 사회적 관광자원 : 생활, 관습, 음식, 사회형태, 생활형태 • 산업적 관광자원 : 농림업, 어업, 공업 등
김홍운 (1987)	• 자연관광자원 : 산악, 구릉, 호수, 하천, 계곡, 폭포, 천문, 기상, 자연현상 등 • 문화관광자원 : 유적, 사적, 건축물, 문화재, 민속자료, 박물관, 미술관, 조각 등 • 사회관광자원 : 풍속, 행사, 예술, 교육, 종교 , 스포츠, 음악, 음식, 국민성 등 • 산업관광자원 : 공업단지, 관광목장, 백화점, 전람회, 전시회, 사회공공시설 등 • 레크레이션자원 : 수영장, 어린이대공원, 놀이시설, 쇼핑센터, 낚시터 등
박석희 (1995)	• 자연관광자원 : 고원, 폭포, 협곡, 동굴, 동·식물, 하천 해변, 기후, 자연현상 등 • 인문관광자원 : 문화재, 성곽, 성터, 정원, 역사경관, 도시경관, 농촌경관, 전설 등 • 관광시설자원 : 문화재, 놀이시설, 취미. 교양시설, 유흥·오락시설. 체육시설 등
이장춘 (1998)	• 유형관광자원 : – 자연관광자원 : 자연보전특별지구, 자연보전지구, 휴양지보전지구 – 인문관광자원 : 문화관광자원, 산업관광자원 • 무형관광자원 : 인적 관광자원, 비인적 관광자원
안종윤 (1998)	• 자연자원 : 산악, 평원, 해안, 도서, 하천, 폭포, 지질, 기상. 온천, 동 · 식물 등 • 문화자원 : 미술공예품, 건축물, 조각 등 • 인적자원 : 국민생활, 풍속, 습관, 가정생활 등 • 기타 새로운 관광자원 : 생산공장, 기술, 공원, 음식, 토산품 등

학자	관광자원 분류
김계섭 (2000)	• 자연자원과 인문자원 : 기본적인 관광욕구(볼거리, 배울거리, 놀거리)를 충족 • 관광대상(위락 · 교통 · 숙박 · 안내시설, 정보제공) : 관광객들의 이용과 만족도 제고

본서는 관광매력대상으로 기존 국내외 학자들의 연구에 최근에 부상하는 주제공원, 호텔시설, 레저시설, 레스토랑, 카지노 등을 관광시설자원으로 새롭게 추가하여 관광자원의 분류를 자연적 자원, 문화역사 자원, 사회적 자원, 산업적 자원, 관광시설적 자원으로 분류하고자 한다.

1) 자연적 자원

자연이란 인간의 인위적 행위결과와 관계없이 우주와 지구상에서 존재하는 것으로서 천문, 기후 · 기상, 지형 · 지질, 동 · 식물 등이다.

2) 문화역사 자원

문화(culture)의 어원은 '경작하다', '마음을 돌보다', '지적인 개발을 하다' 등의 뜻이 있는 것으로 인간의 생각과 행동의 결과 생성된 것이다. 문화적 관광자원은 유형문화재, 무형문화재, 기념물, 민속자료로 분류하는데 의식주, 언어, 풍습, 종교, 학문, 예술, 기법, 스토리, 교육, 제도 등을 포함한다. 이 중에서도 관광측면에서는 각종 건축물, 축제와 예술, 민속자원, 문화시설 등이 주요 자원이다.

3) 사회적 자원

관광자원이 그동안 자연과 문화적 측면에 치우쳐 온 반면, 최근 들어 시대의 변화에 따라 관광객의 요구가 다양해져서 인간이 특정 지역에서 살아가면서 가지게 되는 관습, 음식, 사회형태, 생활형태, 종교, 교육, 스포츠 등도 관광자원화가 되었다.

4) 산업적 자원

인간이 생계를 유지하기 위하여 일상적으로 종사하는 생산적(生産的) 활동인데 일반적으로 물적 재화의 생산과 더불어 서비스의 생산을 포함하는 것으로 관광에서는 현재적인 각종의 산업시설을 관광대상으로 삼아 자국의 산업, 기술수준을 외국인 관광객에게 인식시켜 외국과의 경제활동에 기여하는데 목적이 있다.

이는 1 · 2 · 3차 산업의 각종 생산시설과 특산품, 백화점, 전람회, 전시회, 사회공공시설 등이다.

5) 관광시설적 자원

관광시설자원은 새롭게 관광매력대상으로 급부상하고 있는 주제공원, 호텔, 리조트, 레포츠, 레스토랑, 카지노 등을 포함한다.

관광시설은 관광을 위한 편익을 제공할 목적으로 설치된 것이나, 그 자체로 관광대상이 되기도 한다. 「관광기본법」은 제8조에서 "정부는 관광객이 이용할 숙박 · 교통 · 휴식시설 등의 개선 및 확충을 위하여 필요한 시책을 강구하여야 한다"고 규정하여 관광을 하는데 필수적으로 이용하게 되는 숙박 · 교통 · 휴식시설 등을 개선하고 확충할 임무를 정부에게 부여하고 있다. 그런데 여기서 정부가 개선 및 확충해야 할 대상 시설은 숙박 · 교통 · 휴식시설에 국한되는 것이 아니라 관광객이 이용하는 모든 시설을 포함하는 포괄적인 의미로 해석하여야 할 것이다. 따라서 공항 · 항만 · 철도 · 도로 등 교통기반 시설, 상하수도 및 쓰레기 처리장 등 환경 위생시설, 전화 · 방송 · 인터넷 등 통신기반 시설을 포함하는 관광기반 시설도 관광객이 이용하는 시설이라 할 수 있다.

그러나 본서에서는 범위를 축소하여 학생들의 이해를 돕기 위해 숙박 · 교통 · 휴식시설과 같은 여행 관계시설을 관광시설적 자원으로 한정하였다.

CHAPTER

2

자연적 관광자원

1. 개념과 종류
2. 천문 · 기상자원
3. 해양자원
4. 지형 · 지질자원
5. 동 · 식물

Chapter 2 자연적 관광자원

1. 개념과 종류

자연적 관광은 모든 자원의 기본이 될 뿐만 아니라, 가장 큰 비중을 차지하고 있다. 주로 자연의 아름다움을 중심으로 형성되기 때문에 매우 다양하다. 자연적으로 생성된 자원. 즉 사람이 인위적으로 만들지 않은 천연자원을 뜻하며 관광자원 가운데 가장 원천적인 것이라 할 수 있다.

자연환경은 기후적 조건과 지형적 요인들에 따라 복잡하게 결합되어 자연환경의 상태에 따라 지역차가 이루어지고 이러한 현상이 관광대상으로서 자연적 관광자원이 된다. 이런 자연적 관광자원은 도로나 철도, 항공 같은 교통수단 등의 개발조건과 결합되어 관광자원으로 가치를 높이게 된다.

오늘날 관광자원의 개발형태는 인간의 자연지향성이 높아짐에 따라 주로 자연적 자원을 대상으로 개발되는 추세를 보인다. 그리고 자연적 · 인문적 관광자원이 상호 융합되어 하나의 완전한 관광자원으로서의 가치를 발휘하기 때문에 상호 조화됨으로써 관광자원에 대한 보호 · 육성이 이루어져야 한다. 매력적인 관광자원도 관리가 없다면 관광의 가치성과 개발의 효용이 없어지기 때문이다.

자연적 관광자원의 종류는 다음과 같이 다양하다.

- 천문(우주 · 별자리 · 태양 · 달), 기후, 기상(쾌청 · 눈 · 비 · 오로라)
- 지형(바다와 섬 · 산 · 하천과 호수 · 습지 · 협곡 · 기암 · 사막 · 빙하지형)
- 지질(화산 · 온천 · 동굴 · 퇴적층 · 특수광천 등)
- 동 · 식물

2. 천문 · 기상자원

1) 천문

우주여행의 꿈과 밤하늘의 별자리 관측은 우주의 신비를 느끼게 한다.

우주여행이 아직은 현실화되지 않았지만 향후 유망한 관광자원이다. 2013년 2월 국내의 전라남도 고흥군에서 성공한 우주 로켓발사 장면은 많은 사람들에게 우주에 대한 큰 관심과 기대를 갖게 한다.

밤하늘 별자리를 관찰할 수 있는 천문대가 김해, 대전, 중미산, 칠갑산, 곡성, 장흥, 영월 등에 설치되어 있다.

태양은 좋은 관광자원이다. 맑은 하늘의 일기는 관광객에게 가장 매력적인 것으로, 특히 해수욕장이 있는 바닷가의 태양은 여름철에 더없이 좋은 매력이다. 한국의 봄, 가을 태양과 지중해 코스타 델 솔 Cost del sol(태양의 해변)의 여름철 태양 빛은 수많은 사람들에게 절대적인 매력물이다. 달도 역시 마찬가지다. 맑은 밤 호수와 바다위의 달, 사막지대에서 밤에 뜨는 보름달은 관광객들의 로맨틱한 정서를 준다.

미국 화이트샌즈 국립기념지에 뜨는 달

동해 일출

2) 기상

열대지역 사람들에게는 겨울철의 설경이 멋진 관광자원이고 북국의 오로라는 북극여행의 주요 매력 포인트이다. 그러므로 관광과 여행은 날씨가 매우 중요하다. 그래서 즐거운 여행을 하려면 우선 좋은 날씨를 선택해야 한다. 여행 시기에 맞추어서 기상의 특성을 파악하며 적합한 여가활동과 여행목적지를 선택하는 지혜가 필요하다.

우리나라 기후의 특징은 온대지역에 위치함으로써 4계절이 뚜렷하고 유라시아 대륙의 영향으로 연교차(연중 최고기온과 최저기온의 차이)가 심하다.

계절의 일평균 기온이 25℃ 이상이면 바다와 산계곡 그리고 박물관 등 실내 관광지가 여행에 적합하고 0℃ 이하인 때에는 스키장, 온천 그리고 실내관광이 좋다. 10℃~20℃ 사이인 봄 · 가을이 야외관광에 가장 쾌적한 환경이 된다.

•표 2-1 **계절별 기온**

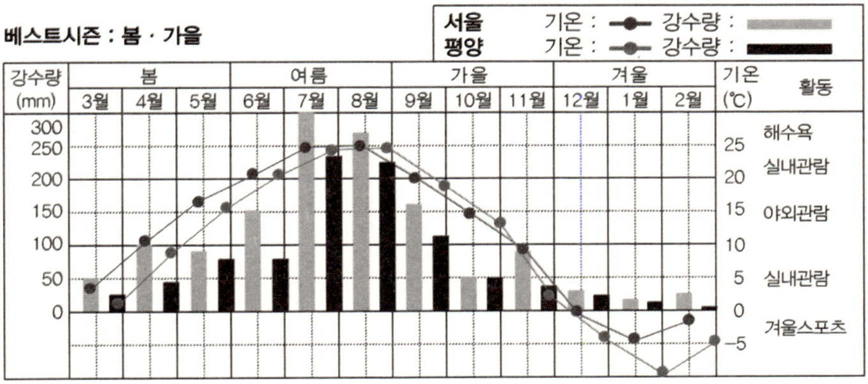

한국의 사계

삿포로 눈축제

일본의 최북단 홋카이도는 겨울철이면 곳곳에서 눈과 얼음의 축제가 펼쳐지는데, 그 가운데서도 삿포로의 눈축제가 가장 유명하다. 삿포로 눈축제(さっぽろ雪まつり, Sapporo Snow Festival)는 매년 2월 5일부터 7일간 일본 홋카이도 삿포로에서 열리는 일본 최대의 겨울 축제이며 1950년 삿포로의 중・고등학생들이 오도리 공원(大通公園)에 눈 조각 작품을 만든 데서 시작해 2015년에 제66회를 맞이했다.

삿포로 눈축제는 삿포로 시내 곳곳에서 다양하게 펼쳐지는데 그중 오도리 공원에서 열리는 국제 눈 조각 경연대회(國際雪像コンクール)와 스스키노 행사장(すすきの會場)에서 열리는 얼음 조각 경연대회(すすきの氷の祭典)가 축제의 대표적인 행사다.

매년 200만 명 이상의 방문객이 몰려드는 삿포로 눈축제는 브라질의 리우 카니발(Carnaval do Rio de Janeiro), 독일의 옥토버페스트(Oktoberfest)와 함께 세계 3대 축제로 손꼽힌다.

삿포로 눈축제

하얼빈 빙등제

하얼빈얼음축제・하얼빈눈축제라고도 한다. 1963년부터 열리기 시작했지만, 공식적으로 개최되기 시작한 것은 1985년 제1회 하얼빈빙설제(哈爾濱氷雪祭)가 열리면서부터이다. 이후 해마다 1월 5일에서 2월 5일 사이에 개최되는 눈과 얼음의 축제로, 빙등제와 빙설제가 별도의 장소에서 개최된다.

개최 기간에는 전 세계의 유명 얼음조각가들이 모여들어 세계의 유명 건축물이나 동물・여신상・미술품 등의 모형을 만들어 전시하는데, 얼음 조각의 재료는 매년 겨울 영하 20℃ 이하의 추운 날씨에서 1미터 두께로 얼어붙는 쑹화강[松花江]의 단단하고 하얀 얼음을 이용한다. 하얼빈 빙등제는 매해 2백만 명 이상이 방문하는 세계적인 축제이며 일본의 삿포로 눈 축제, 캐나다의 퀘벡 윈터 카니발과 함께 세계 3대 겨울 축제로 꼽힌다.

하얼빈의 빙등제

3. 해양자원

주요 해양관광자원은 해상국립공원뿐만 아니라 탁 트인 바다경관, 해수욕장, 해안 경관과 드라이브 코스, 해저 · 해중경관, 바다의 일출과 일몰, 아름다운 섬 등이며, 특히 휴양 및 스포츠 시설과 조화될 경우 매력은 훨씬 높아진다. 또한 해상 국립공원은 다양한 해양관광자원이 복합적으로 구성되어 있다.

1) 해상 · 해안국립공원

한려해상, 태안해안, 다도해해상, 변산반도 등 4개소이며 바다 관광자원을 복합적으로 가지고 있다.

① **다도해상국립공원**은 1981년 12월 23일에 지정되었다. 한국 최대의 국립공원(약 2,340㎢ : 육지 340㎢, 해상 2,000㎢)으로 전남 서 남해 지역에 지정되어 있다. 신안군의 홍도, 흑산도, 진도군의 상하조도, 관매도, 완도군의

청산도, 보길도, 고흥군의 외나로도, 여수의 거문도·백도, 돌산 향일암 지역, 금오도 등이 주요 관광자원지역이다.

② 한려해상국립공원은 경상남도 통영시 한산도에서 전라남도 여수에 이르는 3백리 물길의 한려수도를 중심으로 하는 수역과 남해도·거제도 등의 남부해안 일부를 포함하고 있다. 115개의 유인도와 253개의 무인도가 있는 한려해상 국립공원은 수많은 섬과 해수욕장, 밝은 태양, 충무공 이순신 장군의 유적지 그리고 난대성 식물과 다양한 조류들이 조화를 이루어 빼어난 해상경관을 연출하고 있다. 면적은 6개 지구에 545.627km이고 1968년에 국립공원으로 지정되었다. 6개 지구로는 기암해벽이 절경을 이루고 있는 해금강지구, 이충무공 전승지가 있는 한산도지구, 학섬으로 유명한 삼천포지구, 남해대교가 있는 노량지구, 남해금산과 상주해수욕장이 있는 금산지구, 그리고 오동도지구 등이다.

③ 태안해안은 충남 태안반도를 중심으로 하여 1978년에 지정되었으며 가로림만에서 안면도에 이르는 약 330㎢ 면적을 가지고 있다. 이 지역은 해식지형으로서 경승지일 뿐만 아니라 해수욕장이 여러 곳에 조성되어 있고, 1월 평균기온 4℃의 등온선이 지나므로 식물의 남북한계선이 형성되어 독특한 식물분포를 나타내는 등의 자연적 특징을 보여준다.

④ 변산반도는 1988년 해안국립공원으로 지정되었으며 약 154㎢의 면적을 가지고 있다. 전북 부안군 변산구릉을 중심으로 1971년에 도립공원으로 지정되었는데 1988년 6월에 국립공원으로 승격되었다. 변산반도는 산과 바다를 탐방할 수 있는 수려한 자연풍경지로 각종 문화유적자원이 분포되어 있다. 최고봉인 의상봉(508.6m)을 비롯해서 쌍선봉(雙仙峰, 459m)·옥녀봉·선인봉 등 크고 작은 산들, 울창한 삼림과 사찰, 게다가 바다와 섬, 모래사장, 해식애(海蝕崖) 등이 어우러진 명소이다.

외국해상국립공원의 사례(일본 세토내해)

세토는 '좁은 통로'라는 뜻으로 해협이나 육상의 골짜기 등 좁은 통로를 가리키는 지명이며 일본 각지에 있다.
세토 내해(일본어 : 瀬戸内海, せとないかい, 세토나이카이)는 혼슈 섬과 시코쿠 섬, 규슈 섬 사이의 좁은 바다를 말하며 1934년 3월 16일에 일본의 첫 국립공원으로 지정되었다.
면적 약 9,500km^{2}에 동서로 450킬로미터, 남북으로 15~55킬로미터, 평균 수심 37.3미터, 최대 수심 105미터이다.
내해 안에는 3,000여 개의 크고 작은 섬이 있으며, 그 중 아와지 섬이 제일 크다.
예로부터 규슈와 교토지방을 연결하고 기타큐슈[北九州]를 거쳐 들어오는 대륙문물이 교토지방에 도달하는 항로로 중요시되어 각처에 많은 항구취락이 발달하였다.
예전에는 연안어업이 성하였으나 공업의 발달로 쇠퇴하고 현재는 각 섬의 경사지에서는 감귤류 재배가 성하여 각처에 계단식으로 된 밀감농원이 펼쳐져 있다. 또한 김·굴·방어 등의 양식·양어도 성하다. 다양한 다도해적 경관과 각처에 산재하는 사적 등을 포함하고 있다.

세토 내해 해상 국립공원

2) 해수욕장

지형상 해빈이라 하고 영문으로 비치(beach)라 한다. 해빈은 해안선을 따라서 파랑과 연안류(沿岸流)가 모래와 자갈을 쌓아 올려서 만들어놓은 지형으로 특히 파랑의 작용을 직접 받는 부분을 가리킨다. 그 중에서도 모래만으로 이루어진 곳을 사빈이라고 하며, 이곳이 해수욕장으로 많이 이용된다. 해빈의 구성 물질은 그 물질을 어디로부터 공급받았느냐에 따라 매우 다양하게 나타난다.

해수욕장으로 적당한 곳은 보통 모래나 고운 자갈이 넓게 펼쳐져 있고 수심이 완만하게 경사진 곳이며, 수온도 적당해야 한다.

많은 사람들이 해수욕을 즐길 수 있는 안전시설 · 탈의실 · 샤워실 · 숙박시설 등이 갖추어져야 해수욕장으로 이용된다. 또한, 교통시설이 편리해야 하는 것도 개발조건 중 하나이다.

국내 주요 해수욕장은 부산 해운대, 강원도 경포대, 완도 명사십리, 제주도 중문, 충남 보령해수욕장 등이다.

외국의 유명 해수욕장은 지중해의 코스타 델 솔(태양의 해변), 호주의 골드코스트(Gold Coast), 브라질의 코파카바나(Copacabana) 등이다

① **해운대 해수욕장**은 온천과 해수욕을 겸할 수 있는 국내 최대의 해수욕장이다. 해운대는 예로부터 '조선 8경'으로 꼽히던 경승지로서, 약 2km의 거리에 펼쳐 있는 백사장에는 여름 한철엔 하루 100만명 이상의 해수욕객

해운대 야경

이 해수욕을 즐기기 위해 몰려드는데 그 중에는 외국인도 20만명 이상이 찾아온다. 해운대는 신라의 석학이던 고운(孤雲) 최치원 선생이 가야산에 입산하는 도중 이곳에 들러 서남쪽 동백섬 바위에 자기 별명을 붙여 '해운대'라 새긴 데서 유래한다고 한다.

② **강릉 경포대 해수욕장**은 동해안 최대의 규모로 남쪽의 송정 해수욕장 및 안목 해안과 이어져 긴 백사장이 펼쳐진다. 겨울 바다의 정취도 그윽해서 겨울 나그네와 젊은 연인들의 발길도 끊이지 않는다. 경포해수욕장과 인접한 경포대는 전면 6칸에 측면이 5칸, 대칭을 받치는 기둥이 28개나 되는 당당한 규모의 팔각지붕으로 지은 누대이다. 예전부터 강릉사람들은 경포대에서 볼 수 있는 여덟 경치를 일러 경포팔경이라 불렀는데, 경포대에서 보는 해돋이와 낙조, 달맞이, 고기잡이배의 야경, 노송에 들어앉은 강문동, 그리고 초당마을에서 피워 올리는 저녁연기 등이 경포팔경에 속한다.

경포대

③ 대천해수욕장은 충청남도 보령시 신흑동 일원에 위치한 해수욕장으로 전국 해수욕장 중 규모와 시설 면에서 최고로 손꼽힌다. 한해 천만 명에 이르는 관광객의 방문하고 있으며 서해안 최고의 휴양지로 관광객을 위한 편의시설, 먹거리, 볼거리, 즐길 거리는 물론 숙박시설 역시 잘 갖추고 있다. 규모면에서 백사장의 길이가 3.5㎞, 폭 100m에 달하는 대형 해수욕장이다. 완만하고 바다 밑이 일정하며 백사장은 이물질이 섞여 있지 않은 청결함을 가지고 있다. 백사장 남쪽에 기암괴석이 잘 발달되어 있어 비경을 연출하고 있으며, 수온 역시 적당하여 기분 좋은 해수욕을 즐길 수 있다. 대천 해수욕장의 모래는 동양에서 유일한 패각분으로 조개껍질이 오랜 세월을 지나는 동안 잘게 부서져 모래로 변모한 것이다.

외국해수욕장의 사례(브라질의 코파카바나)

브라질 동남 지방의 리우데자네이루 시 남부 지역에 위치하고 있다
리우데자네이루의 낭만과 아름다움을 상징하는 명소로, 바다에서 육지를 향해 부채를 펼쳐 놓은 듯한 모양의 이 해변은 백사장의 길이가 무려 5km나 된다. 백사장 옆으로 희고 검은 모자이크 모양의 포르투갈 특유의 포장 기법을 사용하여 포장된 산책길을 따라 고급 호텔·아파트 등이 늘어서 있고 동서쪽 거리에는 상점·나이트클럽·바·극장 등이 줄지어 늘어서 있다. 해변 주위의 아름다운 산지 경관, 그리고 연중 기온이 높아 일 년 내내 해수욕이 가능하다는 기후 조건을 바탕으로 세계 여러 나라에서 찾아온 많은 관광객들로 늘 붐비는 곳이다.

코파카바나 해변

매년 12월 31일 밤에 펼쳐지는 불꽃놀이와 새해 첫 날의 해돋이를 보기 위해서 200만명 이상의 관광객들이 코파카바나 해변을 찾는다. 그 밖에도 수변 공간에서 펼쳐지는 다양한 거리 연주와 공연 등도 매력적인 관광 자원으로 코파카바나 해변을 돋보이게 하고 있다. 보사노바도 여기서 유래한 것으로 알려져 있다. 또한 코파카바나 해변은 여러 스포츠가 개최되는 곳으로도 유명하다.

3) 해안경관

바다와 맞닿은 육지부분으로 해식애, 주상절리, 기암경관이 있다.

해식애는 바닷가의 암석이 파도에 침식되어 암석절벽이 된 형상이고 주상절리는 바닷가의 암석이 용암분출 후 수분의 증발로 표면이 육각형 또는 사각형으로 갈라져 마치 바위기둥처럼 보인다. 기암경관은 홍도, 백령도, 울릉도, 독도처럼 여러 가지 지질적 요인과 침식을 오랜 세월 받아서 기이하게 형성된 것이 기암경관이다. 한국은 3면이 바다이고 동해안 융기해안과 서해안의 침식 작용으로 곳곳에 아름다운 해안경관이 펼쳐지고 있다.

① 부산 태종대는 대표적인 해식애(암석절벽)이다. 해발 250m의 최고봉을 중심으로 200여 종의 수목과 해식애 · 기암괴석으로 이루어졌다. 신라 29대 태종 무열왕이 삼국통일의 위업을 이룩한 후 전국을 순회하던 중 이곳의 해안절경에 심취하여 활을 쏘며 즐겼다고 하여 유래된 이름으로, 신선암은 태종대를 대표하는 명소이다. 가뭄 때는 동래부사가 이곳에서 기우제를 지낸 것으로 유명하며, 망부석과 등대, 영도섬을 한 바퀴 돌아오는 드라이브 코스, 태종대를 일주하는 관광유람선 등이 있다.

② 관동팔경은 동해안 해변 경관 중에서 아름답기로 이름난 관동지방의 빼어난 여덟 곳을 이르는데, 휴전선에 가로막혀 갈 수 없는 통천의 '총석정'과 고성의 삼일포를 포함하여, 간성의 청간정, 양양의 낙산사, 강릉의 경포대, 삼척의 죽서루, 울진의 망양정, 평해의 월송정 등이다.

관동팔경에는 가는 곳마다 정자나 누대가 자리잡고 있어 많은 문인들이 풍류를 즐기고 그 심경을 시로 읊어냈으며, 화가는 화폭에 절경을 담아냈다.

③ 여수 금오도는 최근 비렁길(벼랑길의 토속어)코스로 유명한데, 원래 이곳은 섬 전체가 다도해상 국립공원이다. 금오도의 두모리에 직포해송림이 있는데, 전해오는 이야기로는 이 송림의 동쪽에 있는 옥녀봉에서 선녀들이 달밤에 베를 짜다가 무더위를 식히기 위해 바닷가로 목욕하러 와서, 날이 새는 줄도 모르고 밤새도록 목욕을 하고 놀다가 승천하지 못하고 훗날 소나무로 변하였다고 한다.
마을이름을 직포(織布)라 한 것도 이러한 전설과 관계가 있다.

④ 용두암은 제주도 제주시에 위치한 명물 중 하나로 화산폭발에 의한 용암이 굳어진 화산암의 하나이다. 용두암은 화산용암이 바다로 흘러드는 순

용두암

간 파도와 부딪혀 마치 용 모양으로 형성된 기암이다. 전설에 의하면 한라산 용이 한라산 신령의 옥구슬을 훔쳐 달아났는데, 이에 화가 치민 한라산 신령이 활을 쏘아 이곳 용두암 해면에 떨어뜨려 몸 전체는 바닷물에 잠기게 하고 머리 부분은 하늘로 향하게 하였다고 한다.

⑤ **제주 섭지코지**의 코지는 곶을 의미하는 제주 방언이다. 제주의 다른 해안과는 달리 송이라는 붉은 화산재로 되어 있고, 해수면의 높이에 따라 물속에 잠겼다가 일어서는 기암괴석은 수석 전시회를 방불케 할 정도다.

섭지코지

⑥ **제주 중문단지** 해변에 있는 주상절리는 화산 폭발에 의하여 분출된 용암이 바닷가로 흘러와 물과 만나 급격하게 수축하면서 만들어진 육각형 또는 사각형 형태의 기둥을 이루고 있다. 천연기념물 제443호로 지정되어 있고 높이가 30~40m, 폭이 약 1km 정도로 우리나라에서는 규모면에서 최대를 자랑한다. 서귀포시 중문동에 위치하고 있으며 이곳의 옛 이름인 지삿개를 살려 '지삿개바위'로 부르기도 한다.

주상절리

4) 해저 · 해중경관

바다의 중간과 밑바닥 경관으로 각종 바다의 생물과 어류, 산호초 등 비경을 가지고 있어 최근 스킨스쿠버, 바다 잠수함을 이용해서 해저탐사를 한다. 국내는 제주와 동해 그리고 남해안의 청정해에서 잠수함과 개인장비를 이용하여 해저탐사를 한다. 세계적으로는 태평양의 주요 섬과 호주의 대보초해안(Great Barrier Reef)이 해저탐사로 유명하다.

호주 북동부 퀸즐랜드 주에 있는 대보초해안(Great Barrier Reef)은 2,300㎞에 걸쳐 있는 세계 최대 산호초 군락지로 인근 연안 지대는 석탄과 가스 등이 다량 매장돼 있는 천연자원의 보고이기도 하다. 대산호초는 1981년 세계문화유산으로 지정됐다.

호주 북동부 퀸즐랜드주 해안가와 600개 섬으로 구성된 곳으로 산호 3,000종, 어류 1,500종, 연체동물 4,000종이 살고 있다. 해마다 외국 관광객 200만명이 이곳을 찾아, 호주에 60억 호주달러(5조 944억원)의 수입을 안겨준다. 그러나 최근 지구 온난화로 인해 삼분의 일가량이 폐사했다는 뉴스도 나와 우려의 목소리가 높다.

호주 대보초해안(Great Barrier Reef)

5) 바다의 일출과 일몰

바다의 일출과 일몰의 아름다움은 바다에서 연출되는 자연경관으로 동해안의 정동진을 비롯해서 대부분의 해안과 남해안의 여수 향일암, 해남 땅끝에서 좋은 일출을 볼 수 있고 서해안에서 일몰을 볼 수 있다.

정동진 일출은 세계에서 기차역이 바다와 가장 가까운 곳이며 서울 광화문에서 정동쪽에 있는 나루터가 있는 마을이라는 뜻으로 정동진(正東津)이 유래되었다고 한다. 신라 때부터 임금이 사해용왕에게 친히 제사를 지내던 곳으로 2000년 국가지정행사로 밀레니엄 해돋이축전을 성대하게 치른 전국 제일의 해돋이 명소이기도 하다. 1994년 광주 민주항쟁을 묘사한 '모래시계'라는 TV드라마 촬영 이후 많은 관광객이 찾아오며 실제로 가장 큰 모래시계가 있다.

일몰 장면은 일출과는 또 다른 매력이 있다. 해가 완전히 넘어간 뒤 하늘을 온통 붉게 물들이는 진한 노을은 가히 장관이라 할 수 있다.

서해안 곳곳에 일몰의 명소는 많지만 충남 태안은 긴 서해안을 끼고 있어서 일몰을 감상할 수 있는 곳이 아주 많다. 그 중 대표적인 곳은 안면도의 꽃지해변이다. 꽃지해수욕장 앞에 다소곳이 서 있는 두 개의 솔 섬 때문에 서해안을 대표하는 낙조 명소가 되었다. 계절에 따라 해가 떨어지는 지점이 달라지지만, 두 섬을 앞에 놓고 하늘을 붉게 물들이는 낙조의 모습은 황홀하기 그지없다. 썰물 때면 섬까지 걸어 들어갈 수도 있다.

6) 아름다운 섬

한국에는 약 3,300여 개의 섬이 있다. 그중에서 제주도가 가장 크고 매력적인 섬으로 국제적으로 유명하며, 강화도, 울릉도와 독도, 완도의 청산도 · 보길도, 진도의 상하조도 · 관매도, 신안 증도와 홍도, 여수의 금오도, 거제시의 외도 보타니아, 인천 백령도 등이 유명하다,

세계적으로는 남태평양의 섬, 하와이, 인도양의 몰디브, 지중해의 그리스섬, 카리브해의 섬 들이 유명하다

① 한국의 대표적인 섬 **제주도**에는 본 섬 이외에도 우도, 마라도 섬이 있다. 마라도(馬羅島)는 우리나라의 새로운 시작점으로 최남단에 면적이 0.3km^2 (약 10만평)에 이르고 있으며, 20여 세대에 100 여명의 주민들이 주로 어업에 종사하면서 살아가고 있다. 모슬포항을 출발한 지 50분 거리의 마라도는 한라산의 화산지대와 동일구조선상의 화산체이면서 생성시대는 전혀 다른 기생화산으로 밝혀졌다.
제주도 동북 방향에 인접한 우도(牛島)는 도립공원이다. 마치 소가 드러누웠거나 머리를 내민 모습과 같다고 해서 붙여진 이름이다.
성산포에서 북동쪽으로 3.8km 떨어진 섬으로 성산항에서 15분이면 갈 수 있다. 섬 남단 동어귀는 광대코지라 불리는데 안에 동굴이 있다. 이 동굴에 스며드는 햇빛이 암굴의 천장에 반사하여 둥근 달이 떠오르는 듯한 절경을 이루는데, 이를 '달그리안' 또는 '주간 명월'이라 하여 우도 8경 중의 첫번째로 꼽는다. 달그리안을 보려면 작은 배를 타고 들어가야 하는

데, 맑은 날 12시 전후 햇살이 동굴 안으로 비춰드는 때를 잘 맞추어야만 한다. 이곳에는 우리나라에서 유일한 산호 모래사장도 있다.

② 인천시 **강화도**는 수많은 역사유물과 사적이 곳곳에 남아 있는 '살아있는 역사의 현장'이다. 강화도는 한국 5대 섬 중 하나로서 항몽(抗蒙) 39년간을 비롯하여 여러 차례 국난을 극복해낸 불요불굴의 역사를 지닌 보루로서뿐만 아니라 찬란한 문화의 꽃을 피웠던 곳으로도 유명하다. 해인사에 보관중인 팔만대장경, 독일 구텐베르그보다 22여년을 앞선 금속활자, 고려자기의 백미인 삼강청자 등은 강화도에서 처음 만들어졌다.
완초공예품인 화문석의 명산지로, 인삼생산지로 단군왕검이 우리 민족의 무궁한 발전을 기원하던 첨성단이 마니산 정상에 자리잡고 있는데, 표고 486m의 이 마니산은 백두산 · 묘향산 등과 함께 단군왕검이 강림한 장소로 알려져 있다. 고찰 전등사전적지인 덕진진을 비롯해서 신미양요(辛未洋擾) 때 가장 격렬한 격전지였던 광성보(廣城堡), 신미양요 때 미국 극동함대의 해병대와 격전을 치렀던 초지진(草芝鎭), 고려 고종이 몽고의 침략에 대항하여 축성한 강화성(江華城) 등이 있다. 고려 중엽 때부터 만들어지기 시작했다는 '강화 화문석'은 다른 지방에서는 생산되지 않는 순백색 왕골을 재료로 하여 만들어지는데, 이 지역의 관광 토산품으로 인기가 높다.
강화의 특산물로 '순무'라는 것도 있는데, 이 '순무'는 토양 관계상 강화와 개성지방에서만 나는 특산물이다. 특히 이 순무로 담근 김치나 깍두기는 씹을수록 시원하다. 강화지방에서만 맛볼 수 있는 '시래기밥', 국물 맛이 진미인 '가물락 조개탕', '메밀칼싹두기'라고도 불리는 강화의 토속음식인 '메밀떡국' 등은 이 지역의 유명한 음식으로 손꼽힌다. 그리고 이러한 음식들은 강화읍을 비롯해 강화 곳곳에 있는 음식점에서 맛볼 수 있다.

③ **울릉도**는 포항 및 울진 후포항에서 쾌속선을 이용하여 2시간 반이면 울릉도까지 갈 수 있다. 울릉도 관광에서 빼놓을 수 없는 것은 독도와 식물관

광이다. 해안식물에서 고산식물까지 무려 575종에 이르는 다양한 식물들이 자생하고 있다. 울릉도의 나리분지는 화산이 폭발하면서 생긴 거대한 규모의 분화구이며, 그 외에도 최고봉인 성인봉과 울릉도 해상일주는 관광의 핵심코스이다. 한편, 울릉도의 별미는 나리분지와 인근 산지에서 나는 산채로 만든 산채전과 오징어가 유명하다.

독도는 울릉군에 속하는 바위섬으로 동도 · 서도로 구성되어 있다. 최근 국민적으로 관심이 높아져 관광객들이 많이 찾아온다. 울릉도에서 동남쪽으로 약 87km 떨어져 있다.

④ 거제 해금강은 우리나라 명승 제2호로 지정되었다. 이곳에는 아열대 식물 30여 종이 자라고 있으며, 절벽으로 둘러싸인 섬 꼭대기에는 풍란, 효란, 석란을 비롯하여 동백 등 희귀초목으로 덮여 있다.

인근의 노자산에 서식하는 팔색조와 동백림은 천연기념물 제233호로 지정되어 보호받고 있다. 해식애와 해식동굴이 마치 만물상을 빚어 놓아 이곳은 배로만 관람할 수 있다. 십자굴을 비롯한 선녀바위, 일출과 일몰의 절경을 연출하는 사자바위와 그네바위, 그네바위 위의 천년송, 미륵바위, 신랑바위, 신부바위, 촛대바위 등은 바다 한가운데에서 금강산을 연출해내고 있다.

해금강 지역 내의 외도는 유럽식 테마 정원이다. 13개의 테마가 있는 정원으로 다채로운 볼거리를 제공하고 있다. 30년 전 한 개인이 섬을 사들여 정성을 들여 관광농원으로 꾸며, 현재는 약 4만 5천 평의 동백숲이 섬 전체를 덮고 있으며, 선샤인, 야자수, 선인장 등 아열대식물이 가득하고 은환엽유카리, 스파리티움, 마호니아 등 희귀식물이 눈길을 끈다.

편백나무 숲으로 만든 천국의 계단과 정상의 비너스 공원도 이채롭다. 연산홍이 만발하는 4월에는 화려한 섬으로 변신하기도 한다.

⑤ **완도 청산도**는 청산도 전체를 걷는 슬로길 10코스와 당리 마을의 봄의 왈츠와 서편제 촬영장, 구들장 논 등이 유명하고 별미는 고등어 백반이다. 봄에 방문한다면 청산도 전역에 펼쳐진 유채꽃과 춤추는 푸른 보리의 모습을 볼 수 있다. 전남 완도항에서 약 19km 떨어진 곳에 위치한 섬으로 아시아 최초 슬로시티로 선정되었다. 동쪽으로 거문도, 서쪽으로 소안도, 남쪽으로 제주도, 북쪽으로는 신지도를 바라보고 있다. 총 면적 48평방킬로미터, 인구는 약 6천여 명으로 섬 전체가 다도해 해상국립공원에 속할 만큼 자연경관이 매우 아름다워서 옛날부터 청산 여수라 했다. 청산도와 여서도의 지명도 여기에서 비롯되었다고 전한다.

⑥ 인천의 **백령도**는 두무진 몽돌해안(명승 8호), 사곶사빈(천연기념물 391호), 콩돌해안(천연기념물 392호)이 유명하다. 고려의 충신 이대기가 '늙은 신의 마지막 작품'이라 표현했을 정도로 절경을 자랑하는 백령도는 서해의 최북단 섬으로 북한과 마주 보고 있으며, 때 묻지 않은 원시의 자연경관을 그대로 간직하고 있는 섬이다. 따오기가 흰 날개를 펼치고 하늘을 나는 모습을 닮았다고 해서 백령도라는 이름이 붙었다.

⑦ **홍도**의 기암은 남해의 해금강이라고 할 정도로 섬의 경관이 아름다워 1965년에 섬으로서는 유일하게 섬 전체가 천연기념물 제170호로 지정되었으며, 또한 흑산도 · 완도 · 진도 · 거문도와 함께 1981년 12월 23일 지정된 다도해해상국립공원에 속해 있다. 면적 6.87km² 크기의 홍도는 대부분이 규암(硅岩)으로 되어 있기 때문에 세월의 흐름 속에서 오랜 침식작용으로 인해 해식애(海蝕崖)가 발달되어 절경을 이루고 있다. 해안선 일대에 숱하게 펼쳐져 있는 홍갈색의 크고 작은 무인도와 깎아지른 듯한 절벽들은 오랜 세월의 풍파로 말할 수 없을 정도로 아름다운 절경을 이루고 있다. 돌고래 바위, 무지개 문, 기둥바위, 돔바위, 제비섬 같은 갖가지 형태의 바위들이 홍도만의 자랑이다. 봄이면 붉은 동백꽃이 섬을 뒤

덮고 적갈색의 암벽들이 석양에 물들어 더욱 붉게 보인다고 해서 '홍도'라는 이름이 붙여졌다고 한다.

세계적인 섬 관광지는 지중해, 카리브해, 남태평야의 섬들과 인도양, 몰브디섬, 동남아의 발리, 태국 푸켓, 베트남의 하롱베이, 중국의 하이난도가 유명하다 내륙호수의 섬으로는 캐나다 온타리호의 킹스턴 부근의 싸우전드 아일랜드 제도(1000개의 섬)가 아름답기로 유명하다.

7) 갯벌 · 염전과 바다 열림 현상

① 신안 증도갯벌과 무안 갯벌은 갯벌주제의 도립공원이다. 서해안 해변에 광범위하게 펼쳐진 갯벌은 바다의 생태계를 직접 보고 체험할 수 있는 곳이다. 전국의 어촌체험 마을중 상당수가 갯벌을 가지고 있다. 충남보령의 머드축제와 갯벌체험, 신안 증도의 염전과 갯벌체험, 함평 돌머리 해수욕장의 갯벌 체험, 영광 두우리의 염전 등 전국의 많은 해변에서 갯벌을 관광자원으로 이용하고 있다.
바다 열림 현상은 음력 조금(매월 7, 8일과 22, 23일) 때 썰물이 되면 해변과 인접된 섬 사이에서 얕은 바다의 등성이 부분이 바다 수면위로 길처럼 드러나는 것이다.

② 진도 신비의 바닷길과 무창포 바닷길은 밀물과 썰물의 조수간만의 차이로 발생하는 현상이다.
진도 신비의 바닷길은 진도의 회동해변과 모도 섬 사이에서 그 현상을 볼 수 있다. 진도 신비의 바닷길 축제는 영등살 때 회동마을 사람들이 모셨던 영등제(靈登祭)에서 유래하며 한국의 농어촌에서 일반적으로 봉사되는 풍신제(風神祭)이다. 영등살이란 매년 음력 2월 초 또는 보름에 조수간만의 차로 회동마을에서 모도마을까지 갈라지는 바닷길을 말하며, 회

동마을의 수호신인 뽕할머니 전설과 관련이 있다.

영등제가 축제로 변하기 시작한 것은 1971년부터 1975년까지 주한 프랑스 대사를 지낸 피에르 랑디(Pierre Landy)가 진도에서 바닷물이 갈라지는 현상을 목격하고 1976년 프랑스 신문에 '한국판 모세의 기적'이라고 소개한 데서 비롯되었다. 프랑스 신문에 소개된 후, 1977년 일본 TBS-TV에서 회동마을 사람들의 생활을 촬영하여 그 필름을 판매하였고, 일본 NHK-TV가 세계 10대 기적으로 소개하면서 국내외 관광객이 지속적으로 모여들기 시작했다.

4. 지형 · 지질자원

1) 산

한국은 국토의 약 70%가 산지로서 예부터 산과 하천, 그리고 바다가 어우러진 금수강산으로 불려왔다. 「자연공원법」에 의해 자연공원을 지정하고 관리 운영한다. 자연공원은 국립공원, 도립공원, 군립공원 및 지질공원으로 구분한다.

(1) 국립공원

국립공원이란 우리나라의 자연생태계나 자연 및 문화경관(이하 "경관"이라 한다)을 대표할 만한 지역으로서 환경부장관이 지정 · 관리하고, 지정대상지역의 자연생태계, 생물자원, 경관의 현황 · 특성, 지형, 토지이용상황 등 그 지정에 필요한 사항을 조사하여 지정된 공원을 말한다(자연공원법 제2조 2호 및 제4조 · 제4조의3).

국립공원을 설정하는 목적은 첫째, 자연의 원형보존 및 후손에게 물려주기 위함이고, 둘째, 학술적 연구를 통해 인류복지에 기여하기 위함이며, 셋째, 생태계의 균형을 유지하기 위함이다.

국립공원의 지정권자는 환경부장관이며, 국립공원을 지정하고자 하는 때에는 관할 시 · 도지사 및 군수의 의견을 들은 후, 관계 중앙행정기관의 장과 협의를 거친 후 '국립공원위원회'의 심의를 거쳐 환경부장관이 지정한다.

국립공원의 관리는 '환경부'가 관장하지만, 실제적으로 19개소는 '국립공원관리공단'에, 2개소는 도에 위임되어 있다(경주 - 경주시 관리, 한라산 - 제주도 관리). 2015년 현재 우리나라의 전체 국립공원 수는 21개이며 이 중에서 17개소가 산악형 국립공원이다.

세계 최대국립공원은 탄자니아 세렝게티평원에 위치한 국립공원으로 1941년 국립공원으로 1만 4763㎢에 달하고 1981년 유네스코에서 세계자연유산으로 지정되었다. 세계 최초로 국립공원으로 지정된 미국의 옐로우스톤 국립공원도 와이오밍주, 몬태나주, 아이다호주의 세 주에 걸쳐있고 그 면적이 8800㎢에 이르며, 캐나다의 쟈스퍼 국립공원도 4521㎢에 달한다.

•표 2-1 **국립공원 지정현황**

지정순위	공원명	위 치	공원구역		비 고
			지정연월일	지정면적(km^2)	
1	지 리 산	전남·북, 경남	1967.12.29	483.022	
2	경 주	경북	1968.12.31	136.550	
3	계 룡 산	충남, 대전	1968.12.31	65.335	
4	한 려 해 상	전남, 경남	1968.12.31	535.676	해상 408.488
5	설악산	강원	1970.3.24	398.237	
6	속리산	충북, 경북	1970.3.24	274.766	
7	한라산	제주	1970.3.24	153.332	
8	내장산	전남·북	1971.11.17	80.708	
9	가야산	경남·북	1972.10.13	76.256	
10	덕유산	전북, 경남	1975. 2. 1	229.430	
11	오대산	강원	1975. 2. 1	326.348	
12	주왕산	경북	1976. 3. 30	105.595	
13	태안해안	충남	1978.10.20	377.019	해상 352.796
14	다도해해상	전남	1981.12.23	2,266.221	해상 1,975.198

지정 순위	공원명	위 치	공원구역		비 고
			지정연월일	지정면적(km^2)	
15	북한산	서울, 경기	1983. 4. 2	76.922	
16	치악산	강원	1984.12.31	175.668	
17	월악산	충북, 경북	1984.12.31	287.571	
18	소백산	충북, 경북	1987.12.14	322.011	
19	변산반도	전북	1988. 6. 11	153.934	해상 17.227
20	월출산	전남	1988. 6. 11	56.220	
21	무등산	광주, 전남	2013. 3. 4	75.425	
계			21개소	6,656.246	주) 참조

자료 : 환경부, 2013년 12월 31일 기준
주) 육지 : 3,902.537, 해면 : 2,753.709(2.7%), 국토면적의 3.9%(육상면적 기준)

산악형 국립공원 17개소

지리산(1호, 1967년, 12월) 계룡산, 설악산호, 속리산, 한라산, 내장산, 가야산, 덕유산, 오대산, 주왕산, 북한산, 치악산, 월악산, 소백산, 변산반도, 월출산, 무등산

① **지리산**은 1967년 12월 29일 우리나라 최초의 국립공원 제1호로 지정됐는데, 면적은 440km^2로서 전라남도 구례군과 전라북도 남원시, 경상남도 산청군 · 하동군 · 함양군 등 3개 도(道) 5개 군(郡)에 걸쳐 있다. 남한 최대 규모를 자랑하는 지리산국립공원은 예로부터 백두산 · 금강산과 더불어 백두대간의 근간을 이루는 삼신산(三神山)의 하나다.

해발 1,915m의 천왕봉을 주봉(主峰)으로 반야봉(1,751m)과 노고단(1,506m)이 3개 고봉(高峰)을 이루고, 1,500m 이상의 큰 봉우리가 10여개, 1,000m가 넘는 것이 20여 개가 있다.

지리산에는 신라 진흥왕 5년에 창건된 화엄사를 비롯하여 쌍계사 · 연곡사 등 17개소의 사찰과 국보 7점, 보물 25점 등 문화재가 많을 뿐만 아니

라 원시림이 잘 보존돼 있는 곳이다.
지리산은 해안에서 멀리 떨어져 있고 산세가 높아서 기후도 색다르다. 한랭한 고산지대와 온난한 산록지대가 함께 있어 800여 종이 넘는 수많은 한·온대 식물의 보고이기도 하다.
지리산의 10경 중 '노고단의 운해', '피아골의 단풍', '반야봉의 낙조', '세석의 철쭉'은 그 중에서도 뛰어난다.

② 설악산은 남쪽의 금강산이라고 불리는 한국 제1의 비경이다. 높이 1,708m로 남한에서는 한라산(1,950m)과 지리산(1,915m)에 이어 세 번째로 높은 산이다.
설악산은 태백산맥 연봉 중 하나로, 최고봉인 대청봉과 그 북쪽의 마등령·미시령, 서쪽의 한계령에 이르는 능선을 설악산맥이라 하며 그 동해쪽을 외설악, 서쪽을 내설악이라 한다.
또한 동북쪽의 화채봉을 거쳐 대청봉에 이르는 화채릉, 서쪽으로는 귀때기청봉에서 대승령, 안산에 이르는 서북릉이 있으며, 그 남쪽 오색약수터 장수대 일대를 남설악이라 한다.
식생은 농주목, 분비나무 등 총 800여 종이 있으며, 활엽수와 상록 침엽수가 원시림을 이루고 있다.
동물은 크낙새, 산양, 사향노루, 까막딱따구리, 반달곰과 같은 희귀동물을 포함하여 500여 종이 있어서 1982년에는 유네스코에 의해 세계 생물권보전지역으로 설정되기도 하였다.
서쪽의 내설악은 깊은 계곡이 많고 수량이 풍부하여 설악에서도 가장 빼어난 경승지를 이룬다. 설악 제일의 절경이라고 하는 백담동 계곡을 따라 올라가면 대청봉에서 백번째 되는 못에 지었다는 명찰 백담사에 다다른다.
동해쪽의 외설악은 천불동 계곡을 끼고 솟은 기암절벽이 웅장하다. 외설악 입구에는 숙박시설 및 오락시설을 갖추고 있는 설악동 집단시설지구가 있다.

③ 주왕산은 우리나라의 12번째 국립공원으로 한 폭의 동양화라 표현할 정도로 경치가 수려하다. 주왕산에는 대전사 등 유서 깊은 3개의 사찰을 비롯해서 폭포 4개소, 많은 바위동굴들이 특색 있는 관광자원이다. 주왕산 4대명물의 하나인 수단화(수달래)는 주왕(周王)의 죽은 넋이라고 불리는 아름다운 꽃을 피우며 이 밖에도 봄이면 망개나무, 고양목, 신작약 등 많은 꽃들이 만발하여 무릉도원을 이룬다.

주왕산의 달기약수는 옛날부터 유명하여 위장이 불편한 사람들에게 특효약으로 애용되어 왔다. 물맛은 당분을 첨가하지 않는 사이다와 같은 탄산수의 맛을 느끼게 한다.

④ 월출산은 전라남도 영암군에 소재하는 산으로 1988년 6월 11일 우리나라의 20번째 국립공원으로 지정되었다. 월출산의 주봉은 천황봉(809m)으로 산록에는 도갑사 · 무위사 · 천황사 등 고찰(古刹)을 비롯하여 구절폭포 · 용추폭포와 도갑사계곡 · 무위사계곡 · 칼바위 · 귀뜰바위 등 명찰(名刹)과 기암괴석이 절경을 이루며 위압감을 불러일으키고 있다. 천황봉에 올라서면 북서쪽으로 앞이 확 트인 전남평야가 잔잔하게 전개되며 북동쪽은 멀리 지리산을 내닫는 산줄기들이 아득하다.

일본에 학문을 건네준 박사 왕인과 유명한 도선국사의 유적을 더듬으며 구림(鳩林)에서 4km쯤 오르면 월출산 등산의 관문이라고 할 수 있는 도갑사가 나온다. 도갑사에는 국보 제50호인 도갑사 해탈문이 있으며, 또한 보물 제89호인 도갑사 석조여래좌상이 있고, 천황봉 천황사에는 국보 제144호인 마애여대좌상이 있다.

⑤ 무등산은 광주광역시의 동쪽에 솟은 1.187m의 산이다. 산세(山勢)가 유순하여 동서남북 어디서 보나 그 모습이 한결같아 보는 이로 하여금 믿음직스럽고 덕스러운 느낌을 갖게 하며, 정상(頂上)인 천왕봉을 중심으로 규봉암 · 입석대 · 서석대 등의 웅장한 암석미를 감상할 수 있다는 것이

무등산의 커다란 자랑인데, 2013년 12월 국립공원으로 지정되었다.

육당 최남선은 무등산의 3명소를 일컬어 "세계적으로 이름난 금강산에도 부분적으로 여기에 비길 만한 경승(景勝)이 없으며, 특히 서석대(瑞石臺)는 마치 해금강의 한 쪽을 산위에 옮겨 놓은 것 같다"고 격찬한 바 있다. 산 정상부의 겨울설경은 눈꽃이 주상절리대(육각형의 돌기둥)와 관목림과 현란하게 어우러져 수많은 등산객들에게 숨 막히는 절경을 안겨주는 것으로도 유명하다.

⑥ **내장산**은 우리나라 최고의 단풍절경으로 유명하다. 노령산맥의 중남부에 위치하고 전라남도와 전라북도의 경계다.

내장산은 1971년 11월 17일에 국립공원으로 지정되었으며, 전국 8景의 하나로서 원래 영은산이라고도 하였다. 내장산은 정읍에서 11km 지점에 위치하며 여러 개의 봉우리와 기암절벽은 좋은 경관을 이루고 있다.

내장산의 해발고도는 640m이며 산(山) 전체 모양이 금강산과 비슷하다고 하여 내금강(內金剛)이란 별명도 있다.

내장산 일대에는 아름다운 계곡이 많고 금선폭포와 도덕폭포 등이 있으며, 백양사쪽에는 용수(龍水)와 금강폭포 등 6개소의 폭포가 장관을 이루고 있다. 특히 이 지역에는 가을단풍이 탁월하여 「춘백양(春白羊)」, 「추내장(秋內藏)」이란 말까지 전해져 오고 있는데, 단풍나무 종류로는 신갈나무, 고로쇠나무, 단풍나무, 좁은단풍나무 등 30여 종에 이르고, 가을에 굴참나무의 변색(變色)은 단풍경치의 극치를 이룬다고 한다. 내장사와 백양사가 공원 내의 대표적인 산사이다.

⑦ **칠보산**은 함경북도의 동해안 남부 솟아있는 659m 높이의 산이다. 전설에 의하면 이 산에 일곱 가지 보물이 묻혀 있어 예부터 칠보산이라 불렸다고 한다. 칠보산은 백두산과 울릉도를 연결하는 백두산대의 일부며 생겨난 시기도 백두산과 일치한다고 전해진다. 지역에 따라 독특한 경치를 나타

내는 칠보산은 그 특징별로 내칠보, 외칠보, 해(海)칠보 등으로 나뉜다. 내칠보는 오봉산 · 노적봉 · 종각봉 · 만사봉 등 기묘하게 생긴 봉우리들, 해칠보는 해식단애와 동굴들, 무지개가 선 듯한 무지개바위, 강선문, 솔섬, 촉봉, 비룡문 등 미묘한 경치들이 바다의 푸른 물결 위에 비치어 절경을 이루고 있는 곳을 말한다.

⑧ **금강산**은 한반도 동부를 내리뻗은 태백산 줄기의 북부에 있는 세계적 명승지이다. 금강산은 넓이 400km², 남북길이 60km이고 비로봉은 1639m이다. 자연경치의 완전한 절정을 이룬다 하여 예부터 '금강석의 산'으로 불려지고 있다. 금강산의 자연경치는 지대의 특별한 지질구조와 관련되어 있다.

금강산은 주로 화강암과 섬록암으로 되어 있다. 이 바위들이 오랜 세월 햇볕을 받고, 비바람에 씻기고 깎이면서, 가로 · 세로로 결이 나고 무너져 내려 곳곳에 여러 가지 모양의 봉우리 · 골짜기 · 돌기둥 · 벼랑 등 천태만상의 산악지형을 이루어 놓았다.

우리나라에서 비 내리는 양과 눈 내리는 양이 가장 많은 지역으로도 금강산이 꼽힌다. 금강산에는 약 750여 종의 식물이 자라고 있다. 동물자원도 풍부해 포유류 38종, 조류 130종, 파충류 9종, 양서류 10종, 어류 24종이 있다. 금강산은 지역적 특성에 따라 내금강 · 외금강 · 해금강으로 나뉜다.

내금강은 금강산의 계곡미를 대표하는 만폭동을 비롯한 부드럽고 수려한 절경으로 여성적이고, 만물상 · 집선봉은 남성적인 산으로 평가되고 있다. 내금강에는 금강산에서 제일 높은 비로봉을 비롯해 높이가 70m인 명경대 · 무지개 다리 · 망군대 바위 · 명길상 바위 · 월출봉 · 집선봉 · 선화계곡 등이 있다.

외금강에는 삼선암 · 금연암, 옥류계곡 · 구룡폭포 · 상팔호 등이 있다.

해금강은 푸른 마루로 뒤덮인 섬들과 금강산 호수 중 가장 아름답다는 삼일호와 팔호로 유명하다.

⑨ **묘향산**은 금강산 · 백두산 · 지리산과 더불어 우리나라 4대 명산 중 하나로 꼽힌다. 비로봉(1909m)이 주봉인 묘향산은 나무숲에서 풍겨나오는 향기가 그윽하고, 산 모습이 기묘하고 신비롭다 하여 묘향산이라 불리게 되었다. 묘향산에서 가장 아름다운 곳으로 상원동과 만폭, 천태동과 칠성동이 꼽힌다.

상원암이 있는 계곡 상원동은 아름다운 폭포가 있어 더욱 유명한데, 금강폭포 · 대하폭포를 비롯하여 백설이 흩날리는 듯한 산주폭포, 청룡이 날아오르는 듯한 용연폭포, 그리고 웅장한 천신폭포가 바로 그것들이다. 용연폭포와 산주폭포가 드리운 암반 위에 상원암이 자리잡고 있으며, 상원암 뜰에는 보리수나무와 흥미있는 전설이 깃들어 있는 두 '떡 바위'가 있다. 선녀들의 옷자락처럼 비단폭을 드리운 듯하다 하여 이름지어진 비선폭포는 묘향산의 폭포 중에서 가장 훌륭한 것으로 전해진다.

법왕봉 등산로 아래에는 임진왜란 때 '조선왕조실록'을 보관했던 불영대가 옛 모습 그대로 보존되어 있다. 불영관월(추석날 보름달을 구경하는 곳)인 불영대는 묘향산 8경의 하나로 알려진 곳이다. 특히 불영대의 주위에서 4월, 5월에 만발하는 두봉화는 불영대의 풍치를 한결 더해주고 있는데, 6백년생의 두봉화도 있는 것으로 전해진다.

묘향산의 개천동굴 · 금강굴은 지하세계의 명승이며, 동굴의 아름다움이나 규모로도 세계 굴지의 지하궁전으로 꼽혀 금강산을 지하로 옮겨놓은 것 같다고 한다. 천태만상하고 오색영롱한 석문과 석화는 그 아름다움이 비길 데 없으며, 돌을 두드리면 나는 맑고 깨끗한 음향은 마치 교향악 소리와 비교될 만큼 아름답다고 알려져 있다.

묘향산의 유물로서는 서산대사와 사명대사의 두 원당이 있으며, 보현사와 상원암 등 360여 개의 암자 · 석탑 · 비석들이 있다.

(2) 도립공원

우리나라 「자연공원법」에서 규정하고 있는 도립공원이라 함은 특별시 · 광역시 · 특별자치시 · 도 및 특별자치도(이하 "시 · 도"라 한다)의 자연생태계나 경관(자연 및 문화경관)을 대표할 만한 지역으로서 특별시장 · 광역시장 · 특별자치시장 · 도지사 또는 특별자치도지사(이하 "시 · 도지사"라 한다)가 지정한 공원을 말한다.

'시 · 도지사'는 도립공원을 지정하고자 하는 때에는 관할 군수(시장 · 군수 또는 자치구의 구청장을 말한다)의 의견을 청취하고 관계 중앙행정기관의 장과의 협의를 거친 후 도립공원위원회의 심의를 거쳐 지정하게 되며, 지정된 도립공원을 폐지하거나 그 규모를 축소하려는 경우에는 환경부장관의 승인을 받아야 한다.

우리나라의 도립공원은 경북 금오산도립공원이 제1호로 지정된(1970.6.1.) 이래 1970년대에 13개소, 1980년대에 팔공산 등 7개소가 지정되었고, 1990년대에 2개소, 2005년에 연인산 1개소, 2008년에 제주자치도의 행정구역 개편으로 제주조각공원 등 6개 군립공원이 도립공원으로 편입되었고, 2009년 수리산 도립공원을 지정하였다. 2011년에 제주조각공원을 폐지하고 제주곶자왈 1곳을 추가로 지정하였으며, 2013년에는 무등산도립공원이 국립공원으로 승격되어, 2015년 12월 말 기준으로 30개의 도립공원이 지정돼 있다.

•표 2-2 **도립공원 지정현황**

지정순위	공원명	위 치	면 적	지정일
1	금오산	경북 구미 20.86, 칠곡 7.94, 김천 8.49	37.290	1970.06.01
2	남한산성	경기 광주 22.92, 하남 8.818, 성남 4.709	36.447	1971.03.17
3	모악산	전북 김제 28.442, 완주 10.835, 전주 6.29	45.567	1971.12.02
4	덕산	충남 예산 20.671, 서산 0.353	21.024	1973.03.06
5	칠갑산	충남 청양 32.946	32.946	1973.03.06

지정 순위	공원명	위 치	면 적	지정일
6	대둔산	전북 완주 35.342	35.342	1977.03.23
7	대둔산	충남 논산 16.384, 금산 8.386	24.770	1980.05.22
8	낙산	강원 양양 8.682	8.682	1979.06.22
9	마이산	전북 진안 17.221	17.221	1979.1016
10	가지산	울산 30.199, 경남 양산 61.069, 밀양 14.161	105.429	1979.1105
11	조계산	전남 순천 27.38	27.380	1979.12.26
12	두륜산	전남 해남 33.39	33.390	1979.12.26
13	선운산	전북 고창 43.7	43.700	1979.12.27
14	팔공산	대구 35.365, 경북 칠곡 29.753, 군위 21.858, 경산 9.520, 영천 29.172	125.668	1980.05.13
15	문경새재	경북 문경 5.494	5.494	1981.06.04
16	경포	강원 강릉 6.866	6.866	1982.06.26
17	청량산	경북 봉화 41.09, 안동 8.38	49.470	1982.08.21
18	연화산	경남 고성 22.26	22.260	1983.09.29
19	태백산	강원 태백 17.44	17.440	1989.05.13
20	천관산	전남 장흥 7.606	7.606	1998.10.13
21	연인산	경기 가평 37.445	37.445	2005.09.12
22	신안증도갯벌	전남 신안 12.824	12.824	2008.06.05
23	무안갯벌	전남 무안 37.123	37.123	2008.06.05
24	마라해양	제주 남제주군 대정읍, 안덕면	49.755	2008.09.19
25	성산일출해양	제주 남제주군 성산읍	16.156	2008.09.19
26	서귀포시립해양	제주 서귀포시 보목~강정동	19.540	2008.09.19
27	추자	제주 북제주군 추자면	95.292	2008.09.19
28	우도해양	제주 북제주군 우도면	25.863	2008.09.19
29	수리산	경기안양 2.544, 안산 0.116, 군포 4.302	6.962	2009.07.16
30	제주 곶자왈	제주 서귀포시 대정읍 1.547	1.547	2011.12.30
계	30개소		1,006.951	–

자료: 환경부, 2013년 12월 31일 기준

주) 대둔산은 전라북도와 충청남도에서 해정구역에 따라 각각 도립공원으로 지정하여 2개의 도립공원이 존재

① **구미의 금오산**은 해발 976m 현월봉이 최고봉이고 도립공원 제1호다. 금오산은 지질 측면에서 보면 화강편마암을 뚫고 중생대 백악기의 중성대 화산암류가 관입해서 형성된 산이다. 신라 도선국사가 수도하던 도선굴(道詵窟)과 보물인 대각국사비(大覺國師碑) 마애보살입상(磨崖菩薩立像) 보물이 있다.

② **대구 팔공산**(八空山)은 갓바위부처로 유명하여 전국에서 소원을 비는 사람들이 많이 몰려온다. 매년 입시철이면 수험을 앞둔 부모들이 와서 치성을 드리는 장면이 신문, 방송에 빠뜨리지 않고 소개되기도 한다. 산의 높이는 1,192m이며 팔공산에는 동화사뿐만 아니라 은혜사, 파계사, 부인사, 관암사 등 수십 개의 사찰과 암자가 있다. 여기에 국보와 보물, 사적지로 지정된 문화재가 많다. 국보 2점, 보물 9점, 사적 2점, 30개의 명승지가 산재해 있다.

③ **고흥 팔영산**(八影山)은 고흥군에서 가장 높은 산으로 높이 608m 이며 산세가 험하고 기암 괴석이 많다. 정상에 오르면 멀리 대마도까지 볼 수 있고, 눈앞에 펼쳐지는 다도해해상국립공원의 절경이 일품이다.

④ **장흥 천관산**(天冠山, 723m). 천풍산(天風山) · 지제산(支提山)이라고도 한다. 1998년 10월 13일 도립공원으로 지정되었다. 지리산(智異山) · 월출산(月出山) · 내장산(內藏山) · 내변산(內邊山)과 함께 호남지방의 5대 명산 가운데 하나이다. 정상에 오르면 다도해의 풍광이 한눈에 들어오며, 가을이면 온통 억새 평원을 이루어 바람에 흔들리는 억새 너머로 다도해의 섬들이 동양화처럼 아름답게 펼쳐진다. 최근에는 한옥 휴양림으로도 인기가 높다.

⑤ **대둔산**(大芚山)은 충청남도 금산군과 논산시, 전라북도의 완주군 경계에 위치한다. 대둔산 주변에는 계룡산을 비롯하여 대천해수욕장과 유성 · 온

양 · 도고 · 덕산 등 자연온천 분출이 많고, 부여지역에는 고적자원 유적이 많아 관광자원의 보고로 일컬어지고 있다.

⑶ 군립공원

군립공원(郡立公園)이란 시 · 군 및 자치구(이하 "군"이라 한다)의 자연생태계나 경관(자연 및 문화경관)을 대표할 만한 지역으로서, 지정대상 지역의 자연생태계, 생물자원, 경관의 현황 · 특성, 지형, 토지이용상황 등 지정에 필요한 사항을 조사하여 시장 · 군수 또는 자치구의 구청장(이하 "군수"라 한다)이 지정 · 관리하는 공원을 말한다.

군립공원의 지정절차는 ① 해당 지역주민의 의견 청취, ② 관계 행정기관의 장과의 협의, ③ 군립공원위원회의 심의를 거쳐 지정되며, 군수는 지정된 군립공원을 폐지하거나 그 규모를 축소하려는 경우에는 시 · 도지사의 승인을 받아야 한다.

군립공원 현황을 살펴보면, 1981년 1월 7일 전라북도 순창군의 강천산이 최초의 군립공원으로 지정된 이래, 1980년대에 보경사 등 22개소가 지정되고, 2000년대에 들어와 추자, 우도해상, 월성계곡 등 3개소가 지정되면서 33개소에 이르게 되었으나, 제주자치도의 행정구역 개편으로 추자 등 군립공원 6개소가 도립공원으로 승격 · 지정되면서 2015년 12월 말 기준으로 27개소의 군립공원이 지정돼 있다.

⑷ 지질공원

지질공원은 지구과학적으로 중요하고 경관이 우수한 지역으로서 이를 보전하고 교육 · 관광사업 등에 활용하기 위하여 환경부장관이 인증한 공원을 말한다.

2012년 12월 27일 제주도와 울릉도 · 독도가 국가지질공원으로 최초 지정된 이래 2014년 12월 말 기준으로 6개소가 지정되었으며, 총 넓이는 5,302.87km^{2}로서 전국토의 5.3%가 국가지질공원으로 지정되었는데, ① 울릉도 · 독도, ② 제주도, ③ 부산 7개 자치구, ④ 강원평화(강원도 5개군), ⑤ 청송(경북 청송군), ⑥ 무등산권역(광주 2개 자치구, 전남 2개군) 등이 그것이다.

•표 2-3 **군립공원 지정 현황**

지정 순위	공원명	위 치	면 적	지정일
1	강천산	전북 순창군 팔덕면	15.844	1981.01.07
2	천마산	경기 남양주시 화도읍, 진천면, 호평면	12.461	1983.08.29
3	보경사	경북 포항시 송라면	8.510	1983.10.01
4	불영계곡	경북 울진군 울진읍, 서면, 근남면	25.140	1983.10.05
5	덕구온천	경북 울진군 북면	6.060	1983.10.05
6	상족암	경남 고성군 하일면, 하이면	5.106	1983.11.10
7	호구산	경남 남해군 이동면	2.869	1983.11.12
8	고소성	경남 하동군 악양면, 화개면	3.177	1983.11.14
9	봉명산	경남 사천시 곤양면, 곤명면	2.645	1983.11.14
10	거열산성	경남 거창군 거창읍, 마리면	3.271	1984.11.17
11	기백산	경남 함양군 안의면	2.013	1983.11.18
12	황매산	경남 합천군 대명면, 가회면	21.784	1983.11.18
13	웅석봉	경남 산청군 산청읍, 금서·삼장·단성	17.960	1983.11.23
14	신불산	울산 울주군 상북면, 삼남면	11.585	1983.12.02
15	운문산	경북 청도군 운문면	16.173	1983.12.29
16	화왕산	경남 창녕군 창녕읍	31.283	1984.01.11
17	구천계곡	경남 거제시 신현읍, 동부면	5.871	1984.02.04
18	입곡	경남 함양군 산인면	0.995	1985.01.28
19	비슬산	대구 달성군 옥포면, 유가면	13.382	1986.02.22
20	장안산	전북 장수군 장수읍	6.200	1986.08.18
21	빙계계곡	경북 의성군 춘산면	0.880	1987.09.25
22	아미산	강원 인제군 인제읍	3.160	1990.02.23
23	명지산	경기 가평군 북면	14.027	1991.10.09
24	방어산	경남 진주시 지수면	2.588	1993.12.16

지정순위	공원명	위 치	면 적	지정일
25	대이리	강원 삼척시 신기면	3.660	1996.10.25
26	월성계곡	경남 거창군 북상면	0.650	2002.04.25
27	병방산	강원 정선군 북실리	0.500	2011.09.30
계	27개소		237.794	–

자료: 환경부, 2013년 12월 31일 기준

2) 하천과 호수 · 습지

산과 들을 흘러가는 강과 하천은 호수와 늪, 하중도(하천 중앙에 퇴적작용으로 형성된 섬)를 형성하고 특히 강변을 따라 아름다운 길이 조성되며, 수상 레프팅과 카약등 레크레이션 활동이 가능하다. 호수위에서는 각종 유람선을 운행할 수 있어 내수면은 아름다운 경관과 더불어, 여가를 즐기는 장소이며, 각종 어류가 풍부하다.

① **섬진강**은 전라북도 진안군 백운면과 장수군 장수읍의 경계인 팔공산에서 발원하여 전라남·북도의 동쪽 지리산 기슭을 지나 남해의 광양만(光陽灣)으로 흘러간다. 1385년(우왕 11년)경 왜구가 섬진강 하구를 침입하였을 때 수십만 마리의 두꺼비 떼가 울부짖어 왜구가 광양 쪽으로 피해갔다는 전설이 있는데 이때부터 '두꺼비 섬(蟾)'자를 붙여 섬진강이라 불렀다 한다. 하구인 광양만에는 광양제철소가 있다. 하류의 하동군 화개면에는 840년에 중창된 신라의 고찰인 쌍계사(雙磎寺)와 불일암(佛日庵) · 불일폭포가 있다. 명산물로는 은어와 참게를 들 수 있다.

② **동강**(東江)은 남한강 수계에 속하며 강원도 비경으로 일컬어진다. 강원도 정선 · 평창 일대의 깊은 산골에서 흘러내리는 물줄기가 합해지는 정선읍 남쪽 가수리 수미마을에서부터 영월에 이르기까지의 51km 구간이다.

동강 탐승은 차를 타고 혹은 고무보트로 할 수도 있고 강변을 따르는 트레킹도 가능하다. 동강에서 찻길이 나지 않은 핵심적 경관지는 동강 중류부의 운치리에서부터 어라연 지나 거운리까지의 37km 구간이다. 이 구간은 고무보트를 타고 흘러내려 가는 래프팅 방식이 적당하다.

래프팅 뿐 아니라 강가를 따라 걷는 트레킹도 멋진 탐승법이다.

③ 충주호는 1985년 충주댐을 건설하면서 생긴 인공호수인데, 이 댐은 단양을 잇는 수로 53km의 국내 최대의 콘크리트 댐이다. 충주에서 단양을 잇는 충주호 유람선을 약 2시간에 걸쳐 타고나면 금수강산의 빼어난 절경을 보게 된다.

부근의 단양8경은 호수와 산 계곡, 동굴들이 조화된 절경지역으로, 단양군을 중심으로 주위 12km 내외에 어우러진 명승지이다.

단양팔경 중 도담삼봉

④ **한탄강**은 북한강 상류에 위치하고 있으며, 수량이 풍부하고 깨끗해서 급류타기로 유명하다. 코스 난이도도 높고 거의 멈춤이 없는 급경사 코스이다. 급류 주행거리는 70km 정도이다. 기암괴석, 은빛 백사장이 계곡의 맑은 물과 신비로운 조화를 이룬다.

⑤ **우포(牛浦) 늪**은 경남 창녕에 위치하며 한국최대의 자연 늪이다. '메기가 하품만 해도 물이 넘친다'는 고장이다. 흔히들 그냥 우포(牛浦) 혹은 소벌이라고 부르지만, 크게 보아 우포와 목포(혹은 나무벌, 나무갯벌)의 2개의 늪지로 구분된다. 여기에는 수많은 생물이 살고 있다. 희귀종인 잎의 지름이 1m나 되는 가시연꽃을 비롯해 갈대, 개여뀌, 부들, 나사말 등 30종의 습지식물을 포함, 조류, 수서곤충 등 매우 풍부한 담수생물상을 보이고 있다. 이렇듯 수많은 수중 동 · 식물을 안은 늪지는 뛰어난 수질 정화 기능을 가지고 있으며, 우포의 경우 수천억 원을 들여 건설한 댐과 맞먹는 물 저장고 역할도 한다는 것이 학자들의 말이다.

우포 늪

3) 협곡과 기암

우리나라에는 관광매력으로 꼽힐 만한 협곡이 없다. 세계적인 협곡으로는 그랜드 캐니언(Grand Canyon)이 유명하다. 미국 애리조나주 북부에 있는 고원지대를 흐르는 콜로라도 강에 의해서 깎여진 거대한 계곡이다. 콜로라도 강이 서쪽으로 약 450km의 거리를 흘러서 계곡의 출구가 되는 미드 호로 들어가는데 이 구간의 양편 계곡을 그랜드 캐니언이라고 부른다. 강을 따라 고무보트 배(Raft)를 타고 캐니언을 통과하는 관광을 할 경우 2주일 이상의 시간이 소요되는 것을 보면 캐니언의 규모를 짐작할 수 있다. 콜로라도 강에 의해서 깎인 계곡의 깊이는 1,600m에 이르고 계곡의 폭은 넓은 곳은 30km에 이른다. 1908년에 그랜드 캐니언은 내셔널 모뉴먼트(National Monument)로 지정되었고 1919년에 국립공원으로 승격되었으며, 1979년에 유네스코 세계유산으로 지정되었다.

그랜드 캐넌

우리나라의 기암(奇巖)은 산과 바다지역의 몇 곳이 유명하다. 전북 진안의 마이산(馬耳山)은 1979년 10월 도립공원으로 지정되었다. 거침없이 솟아오른

거대한 바위 둘은 마치 말의 두 귀를 닮은 형상이라고 하여 이름도 마이산으로 지어졌다고 한다.

마이산의 숫마이봉(673m)은 동쪽에 서 있고 암마이산(667m)은 서쪽에 서 있다. 흙 한줌 볼 수 없는 수성암으로 빚어진 것으로 언뜻 보기엔 거대한 콘크리트구조물처럼 보이지만, 마이산의 진경(眞景)은 장승처럼 버티어 선 암수 두 마이봉과 기이한 형태의 돌탑군이 절경이라고 한다.

마이산의 진경

4) 지질

(1) 화산

지하의 마그마(용암鎔巖)가 지각을 뚫고 융기하여 지상에 높이 솟은 현상으로 현재도 그 활동이 지속되면 '활화산'이라고 한다. 국내에서는 백두산, 한라산, 울릉도 성인봉, 경기도 한탄강지역이 대표적인 화산지형이다. 우리나라의 화산은 화산활동이 중지된 사화산으로 분류된다. 세계적으로는 최근 신생대에 형성된 안데스 산맥, 록키산맥, 일본 열도와 필리핀, 뉴질랜드 지역에 분포한다. 일본 규슈의 아소산, 화와이, 미국 서부해안에서는 활화산을 볼 수 있다.

(2) 온천

온천은 주변 대기온도보다 높은 온도의 물을 뿜어내는 샘의 한 종류로서 대부분의 온천은 지하수가 마그마(액체상태의 암석)나 지하 얕은 곳에 있는, 고화(固化)는 되었으나 여전히 뜨거운 화성암과 상호작용한 결과이다. 그러나 어떤 온천들은 화산활동과 관련이 없는데, 이런 경우에 온천은 깊이에 따른 지구의 정상적인 온도증가로 인하여 암석의 온도가 높은 대륙지각 심부로 지하수가 깊이 순환하여 만들어진다.

온천은 인간에게 보양적 · 요양적 기능 등 건강에 도움을 주고 주변 자연경관과 결합된 휴양관광지가 될 수 있다. 온천은 통상 34~42℃의 수온이 대부분이며 그 이하일 경우는 미온천, 냉천이라 하고 그 이상일 경우는 고온천이라 한다. 성분은 유황, 탄산, 라듐, 알칼리 등 인체에 유익한 성분이 다량 함유되어야 한다. 국내에서는 울진의 백암온천, 창녕 부곡온천, 단양 수안보온천, 대전 유성온천, 아산온천, 화순온천 등이 유명하다.

① 경북 울진의 백암온천은 평균 수온 섭씨 48~50도의 유황냄새가 진한 온천수이다. 또한 수질이 매우 매끄러워 피부에 와 닿는 감촉이 좋고 수소이온농도가 전국에서 가장 높은 pH(수소이온농도) 9.43의 상급 온천수이다. 나트륨, 염소, 불소, 칼슘 등이 비교적 많이 함유되어 있어 여러 질병 치료에 탁월한 효과가 있다고 알려져 있다.

또 라돈 함유량이 많은 천연 알칼리성 라돈천으로 자궁내막염, 부인병, 동맥경화, 당뇨병, 신경마비, 중금속 중독 등에 효과가 크다. 온천수를 마시면 변비, 신경통, 요도결석에 상당한 치료효과를 볼 수 있다.

옛날에는 사내아이를 갖고 싶어하는 여인네들이 입욕효과를 얻을 수 있었다고 전해진다. 백암온천에는 신라시대부터 전해 내려오는 이야기가 있다.

한 사냥꾼이 창에 맞은 사슴을 쫓다 날이 어두워져 그냥 집으로 돌아오게

되었다. 그 사냥꾼은 깊게 상처 입은 사슴이 멀리 도망가지는 못했으리라 생각하고는 다음날 다시 그 사슴을 찾아 나서게 되었다. 사냥꾼은 부근을 살피던 중 상처 입은 사슴이 앉아 있던 흔적을 발견하고는 다가가 보니 온천이 솟아나는 곳이었다고 한다.

② **경남 창녕의 부곡온천**은 한국에서 가장 높은 수온과 최대의 용출량을 자랑한다. 온천수는 섭씨 75~78℃로 날계란을 넣으면 반숙이 될 정도이며 1일 용출량 6천톤의 부곡온천은 풍부한 용출량으로 이곳의 숙박시설 난방은 온천수를 이용하고 있을 정도이다. 부곡온천은 약알칼리성 라듐 유황천으로 무색투명하고 매끄럽다. 성분은 칼륨, 라듐, 규소, 염소, 탐산, 유화수소, 불소 등이 함유되어 있는데, 특히 유황성분이 많이 용해되어 있어 목욕을 하고 나면 피부에서 윤기가 나고 매끄러워진다. 그래서 여성들에게 특히 인기가 좋다.

부곡온천은 어른과 아이들이 함께 또는 각자 즐길 수 있도록 레저 휴양시설이 갖춰져 있는데, 온천수 수영장을 갖춘 부곡하와이가 대표적이다. 부곡온천을 대표하는 부곡하와이는 레저타운으로 태평양의 하와이처럼 이국적으로 꾸며져 있고 열대지방의 섬처럼 사시사철 목욕하며 지낼 수 있는 곳이라는 의미에서 하와이라는 이름을 붙였다.

③ **충북 단양의 수안보온천** 수질은 유황 라듐성 단순천으로 무색·무취이며 매우 매끄러운 것이 특징이고 식수로도 이용할 수 있다. 신경통, 피부병, 류머티즘 질환, 부인병, 위장병 등에 좋은 것으로 알려져 있으며, 불소함유량이 많아 이 온천수로 양치질을 하면 충치를 예방할 수 있다고 한다.

④ **대전의 유성온천**은 관광 특구지역이다. 백제 말엽 신라와의 싸움에서 크게 다친 7대 독자가 상처 때문에 고생하던 중, 백설이 뒤덮인 들판에서 날개를 다친 학 한 마리가 눈 녹은 웅덩이 물로 날개를 적셔 치료하는

것을 어머니가 보고, 아들의 상처를 그 물에 담그게 하여 말끔히 치료하였다는 전설이 전해져 내려오고 있는 유서 깊은 온천이다.

(3) 동굴

동굴은 자연적으로 형성된 지하 또는 지상의 공동(空洞)현상이다.

동굴은 형성된 유형에 따라 3가지로 나눈다.

첫째유형인 석회동굴은 석회암지역에서 지표면의 빗물이 지하 석회암 균열 사이로 스며들면서 암석을 녹여 만든 동굴이며 수직형 동굴이다.

둘째유형은 용암동굴로서 화산지역에서 용암이 산비탈을 흘러내릴 때 공기 중에 노출된 외부용암이 먼저 굳어지고 내부 용암은 그대로 흘러 빠져나가서 내부가 텅 빈 수평동굴이 된다.

세 번째 유형의 동굴은 암석 동굴로 침식과 풍화작용을 받아 암석의 약한 부분이 차츰 차츰 깊어져 암굴이 된다.

한국의 주요 석회동굴은 고씨굴, 초당굴, 환선굴, 고수동굴, 성류굴, 화암굴 등이며, 화산용암굴은 제주도의 만장굴, 금녕사굴, 쌍용굴이 있다. 암석동굴은 오동도굴, 정방굴, 산방굴, 주암산의 암굴들이다.

① **고수동굴**은 석회동굴(천연기념물 제256호)이며 동굴의 생성연대는 약 5억 년 전으로 고생대로 추정된다. 총연장은 1300m, 수직고도는 최대 50m쯤인데, 동굴 내부는 철제 계단과 조명시설이 되어 있어 누구라도 어려움 없이 동굴 내부를 구경하고 나올 수 있다.

한 바퀴 돌고 나오는데 한 시간쯤 걸리지만, 갖가지 기묘한 모양과 색깔을 보여 주는 종유석과 석순 · 석주들은 제각기 그 생김새에 따라 재미있는 이름이 붙어 있어 동굴을 돌면서 누구나 탄성을 지르기 마련이다. 동굴 내부는 연중 15℃ 내외의 온도가 유지되고 있다.

② **만장굴**은 화산폭팔시 흐르는 용암으로 형성된 동굴이다. 제주시 구좌읍 감녕리에 위치하고 천연기념물 제98호이다. 길이 8,924m로서 세계 4위의 단일화산동굴이며 동굴 속 지형, 지물의 특수성은 가히 세계적이며 20m가 넘는 천장의 높이와 폭이 10m에 달하는 동굴 속, 용암주, 용암구, 용암교 등의 경관은 화산동굴의 전시장을 방불케 한다.

③ **산방굴**은 제주도 서귀포시의 산방산의 중턱에 위치하고 있는 해식동굴이다. 이 굴은 바다의 파도작용에 의한 침식으로 이루어졌다고 하는데, 이것은 과거에 이 산방굴이 자리하고 있는 해발 150m 높이까지 바다였음을 의미하는 것이다. 산방굴 안에서는 산방굴사가 자리하고 있다.

5. 동 · 식물

동 · 식물은 매우 가치가 높은 관광자원이다. 순천만 철새떼, 케냐 마사이 마라 공원, 광활한 초원 위의 톰슨 가젤, 얼룩말과 기린, 사자무리는 세계적으로 유명한 동물 관광자원이다.

멸종위기종, 희귀동 · 식물의 서식지, 유명한 동물원들은 많은 사람들의 관심의 대상이다.

충북보은의 정이품송, 애버랜드와 곡성의 장미정원, 용문사의 은행나무, 미국 레드우드 국립공원의 메타세콰이어, 봄철 제주의 유채꽃, 아침고요수목원, 광양 섬진강변의 매화 등 사람들을 끌어들이는 매력적인 관광자원이다.

① **충북 보은의 정이품송**(正二品松) 유래는 1464년 세조가 법주사로 행차할 때 왕이 탄 가마인 연(輦)이 소나무에 걸릴까 염려하여 '연(輦) 걸린다'고 말씀하시자 소나무가 번쩍 들려 무사히 통과했다는 사연으로 '연(輦)걸이나무'라고도 하며, 또 세조가 이 앞을 지나가다가 비를 피했다는 전설도 있다. 이러한 까닭으로 세조는 이 나무에게 정이품의 벼슬을 내렸다고 한

다. 이 소나무는 약 600여년 된 것으로 1962년 12월 3일 천연기념물로 지정되었다.

정이품송

② **용문사 은행나무**는 천연기념물 제30호로서 경기도 양평군 용문면에 소재하는 이 나무는 나이가 약 1,100여년에서 1500년 사이로 추정하며, 높이 l 60m, 가슴높이의 둘레 14m로 동양 최대의 은행나무이다. 숱한 전란과 병화 속에서도 불타지 않고 꿋꿋하게 살아남은 귀한 자원이다. 천왕목이라고도 불리는 이 나무는 조선 세종 때는 정3품의 벼슬인 당상직첩을 받기도 하였다. 연간 5~10가마 정도의 은행알을 수확하며 양평군은 이 나무의 자목을 묘목으로 판매하여 농가 수익사업으로 관심을 끌고 있다.

③ **진돗개**는 천연기념물 제53호로 1962년 12월 3일 지정되었으며 황금색, 백색의 두 가지가 있다. 확실한 유래는 알 수 없으나 동남아계의 중형종에 속하는 품종이다. 사냥개 계열이고 귀는 앞으로 약간 경사진 직립이고 코의 색은 흑색, 얼굴은 정면에서 보면 거의 팔각형이며 목은 굵고 강건하게 보인다. 사지는 강하고 앞다리는 직립이며 뒷다리는 후방으로 버틴다. 등은 곧고 꼬리는 털이 많고 힘이 있으며 생후 3개월이면 꼬리가 꽈리를 튼다. 일 년에 두 번 분만하며 85~87일 만에 3~8마리를 낳는다.
용맹하고 충성스러우며 강한 귀소본능과 주인을 잘 따르고 사람을 식별하는 능력이 뛰어나다.

CHAPTER

3

문화역사적 관광자원

Chapter 3 문화역사적 관광자원

1. 개념과 종류

문화역사적 관광자원은 일상 속에서 관광현상을 구성하는 가장 중요한 요소 중의 하나이다. 관광현상을 눈에 보이는 현상과 보이지 않는 현상으로 구분한다고 할 때 문화역사적 관광자원은 두 가지를 모두 포함하는 속성을 가지고 있다.

문화역사적 관광자원은 관광객이 문화와 역사체험을 통해 지역을 이해하게 되는 중요한 수단이 되며, 특정지역이 가지고 있는 유 · 무형의 문화역사적 자원에 대한 체험을 통한 관광행위로서, 지역의 문화적 요소와 역사, 관광이 결합하여 나타난 관광활동의 하나라고 할 수 있다. 문화역사적 관광자원이 형성되기 위해서는 문화역사적 관광자원으로서 가치를 인정받아야 한다.

문화역사적 관광자원의 가치는 시대와 시간의 변화, 지역의 변화, 공간의 변화, 기술의 변화에 따라서 달라지며, 인종적 요소, 종교적 요소, 역사적 요소, 문화적 요소, 지리적 여건 등에 의하여 그 가치가 상이하게 나타나고 있다.

문화역사적 관광자원은 크게 문화재, 민속예술자원, 전통사찰, 박물관으로 나누어 볼 수 있다

2. 문화와 역사자원

1) 한국사와 문화유산

한국의 문화자원은 전통적 농경사회와 불교, 유교를 바탕으로 하고 있다.

기원전 한반도에 자리잡은 부족국가들은 샤머니즘의 영향 아래 있었으며 최초에는 자연에 순응하며 자연을 경배의 대상으로 삼았다. 그러다 삼국시대부

터 외래문화를 본격적으로 받아들이게 된다.

중국으로부터 전래된 불교문화는 삼국시대에 크게 융성하여 통일신라와 고려시대까지 그 영향을 미쳤다. 역대 통치자들은 불교를 숭상하여 호국의 신앙으로 여겼으며, 현재 전해지고 있는 상당수의 국보급 문화유산들이 이 시기에 만들어졌다. 한편, 일본문화는 우리나라로부터 지대한 영향을 받아 섬나라 특유의 경향으로 발전해 나갔으며, 삼국 중에서 고구려는 중국 만주지방을 광범위하게 통치함으로써 많은 고구려 유적을 그 곳에 남기게 되었다.

고려시대에 불교는 대단히 왕성하였으며 팔만대장경과 세계 최초의 목판 및 금속활자를 발명하여 높은 문화수준을 세계에 과시하였다. 한편, 몽고의 침략을 받아 몽고의 풍속과 관습이 남게 되었다.

1392년 조선왕조는 유교를 국가 통치이념으로 삼아 인의예지(仁義禮知)를 개인의 덕목으로 삼았다. 유교적 이념은 서양문화가 도입되기 시작한 19세기 말까지 한국 사람의 문화와 의식을 절대적으로 지배하였다. 오늘날 우리나라 각지에 세워진 많은 사당건물은 이러한 것을 반영하고 있다.

오늘날에는 세계문화를 수용하여 발 빠른 경제사회를 이룩함으로써 국제적 행사인 올림픽 등을 치룰 만큼 국력이 향상되고 이에 따른 현대적 관광자원과 시설이 확보되어가고 있다.

서기 2000년 이후에는 한국인의 삶을 보여주는 각종 드라마와 영화가 대중매체를 통해 아시아지역에 큰 반향을 일으켜 '한류(韓流)'가 새로운 관광소재가 되었다.

(1) 선사시대(구석기시대~고조선 멸망)

구석기시대는 70만 년 전부터 구석기인들이 한반도에서 살기 시작했다. 한 개의 석기를 가지고 여러 가지 용도로 사용했던 전기 구석기시대의 대표적인 유적은 경기도 연천 전곡리유적과 북한의 평남 상원 검은모루동굴이 있다.

후기 구석기시대에는 용도에 따라 여러 가지의 석기를 사용했으며, 대표적인 유적은 충남 공주 석장리, 충북 단양 수양개 유적이 유명하다. 이곳에서 사람과 동물뼈 화석, 동물뼈로 만든 도구 등이 출토되었다.

신석기시대는 기원전 6,000년경부터 시작되었으며 서울 암사동에는 선사유적지가 있는데, 당시 토기를 사용하여 농사를 지어 식량을 생산하고 저장하였음을 알 수 있다.

청동기에 이어 B.C. 4세기경부터는 철기가 농기구로 사용됨으로써 농사문화가 크게 발달하였는데, 이때부터 생산량에 따른 빈부의 격차와 계급사회가 자연스럽게 태동되었다.

고조선시대는 부족국가시대로서 부여, 고구려, 옥저, 동예 그리고 한강 이남의 삼한(三韓)이 그 대표적 예이다. 특히 남쪽지방에 자리잡은 삼한은 벼농사를 짓기 위해 전북 김제의 벽골제, 경남 밀양의 수산제, 충북 제천의 월미지 저수지를 축조하여 오늘날까지 내려오고 있다.

(2) 고대문화(삼국시대 초~통일신라 말기)

불교와 중국 남북조시대의 영향을 받아 보다 세련되고 다채로운 문화가 등장했으며 불교사원의 건축과 불상의 조각이 활발하게 이루어졌다.

한편, 고구려, 백제, 신라는 각각 그 문화적 특징을 가지게 되었다.

① 고구려

고구려 예술은 패기와 정열이 넘치고 있었는데, 그 이유는 중국과 대결하는 동안 중국문화에 대한 비판능력을 가지고 외래문화를 개성있게 받아들였기 때문이다.

평안남도 강서고분과 만주즙안의 장군총은 고구려의 대표적인 유적이라고 할 수 있다. 강서고분에 그려진 사신도는 고구려 벽화 중에서도 매우 우수한 것으로 색상이 조화롭고 정열적이며 세련미가 넘친다. 또한 광개토대왕릉비는 왕의 업적을 자연석에 기록하였는데 글씨체가 기운차고 독특하다.

② 백제

백제는 중국문화의 수입과 전달에 매우 큰 역할을 하면서 세련된 문화를 지녔다. 귀족적 성격이 강하며 우아하고 미(美)의식이 세련되었다.

백제의 유물 · 유적은 그리 많이 남아 있지는 않다. 고분과 벽화는 고구려의 영향을 받았으나 웅진시기의 공주 송산리 무녕왕릉 벽돌무덤의 건축은 중국 남조의 영향을 받아 소박하며, 완전한 형태로 발견됨으로써 금관의 장식 등 우수한 백제 공예품임을 느낄 수 있다. 웅진에서 부여로 옮긴 사비시기에 와서는 귀족미술이 크게 발달하여 능산리 돌방무덤을 보면 건축기술과 벽화가 세련되었다. 백제금동대향로가 능산리에서 출토되었는데, 도교와 불교의 색채가 강하게 드러난 훌륭한 공에품이다.

충남 서산의 마애삼존석불상은 온화한 미소와 아름다움을 지닌 국보이다. 전북 미륵사지석탑은 초기 불탑양식인 목조식을 모방하고 있으며, 부여의 정림사지 5층석탑은 균형이 잘 잡힌 백제시대 유물의 백미로 꼽힌다.

마애삼존석불

③ 신라

신라는 조화미(調和美) 속에 패기가 있다. 처음에는 삼국 중 가장 뒤떨어졌으나 고구려, 백제의 영향으로 문화적 기반을 차츰 넓혀 나갔다.

분황사 모전석탑(벽돌식 석탑)과 첨성대가 대표적이다. 한편, 백제의 아비지가 건축한 황룡사 9층석탑은 고려시대 몽고의 침입으로 소실되었다. 솔거와 같은 뛰어난 화가의 작품이 전해오지 않아 아쉽지만, 경주 천마총에 그려진 천마도는 패기가 넘치고 있다. 또한 많은 고분에서 출토된 금팔지, 금 귀걸이 등은 신라미술의 세련미를 보여주고 있다.

④ 통일신라

통일신라시대의 예술은 주로 조형미술이 중심이었으며 특히 불교미술을 중심으로 발달했다. 흔히 이 시대의 미술은 무르익은 기교의 산물이라 한다. 당시의 미술은 사실적으로 표현하고자 하면서도 실물 그대로가 아닌 이상적인 아름다움과 통일된 조화의 미(美)를 창조하고자 했다.

인공연못인 경주 안압지의 굴곡이나 섬의 위치, 정자와 누각의 조형미가 뛰어나다.

석굴암과 불국사는 통일신라시대의 대표적인 예술작품이다. 불교세계의 이상을 나타내고 있는 석굴암은 그 치밀함과 정제미(精製美)로 당시의 건축, 조각 그리고 과학의 높은 수준을 보여주고 있어 불국사와 함께 세계문화유산으로 지정되었다. 불국사 경내의 석가탑, 다보탑, 청운교, 백운교의 건축미도 통일신라시대의 문화예술을 말해주고 있다. 현재 경주국립박물관 앞뜰에 놓인 성덕대왕 신종(에밀레종)과 강원도 오대산 상원사의 동종(銅鐘), 화엄사의 4사자3층석탑, 법주사 쌍사자석등, 경주 감은사지3층석탑, 전남 화순 쌍봉사 철감선사탑비 등이 모두 통일신라시대의 대표적인 작품이다.

석가탑과 다보탑

(3) 중세문화(고려시대)

고려시대의 예술은 귀족적이고 불교적인 색채가 강하다.

경북 안동의 봉정사 극락전, 경북 영주의 부석사 무량수전, 충남 홍성의 수덕사 대웅전은 고려 후기의 건축물로 현존하는 가장 오래된 목조건물이다. 고려 전기의 대표적인 석탑으로는 오대산 월정사의 팔각9층탑이 있으며, 후기 석탑으로는 경천사의 10층석탑이 있는데, 현재 서울 경복궁에 옮겨져 보전되고 있다. 지리산 연곡사의 북부도와 공주 갑사부도는 승려의 사리를 안치한 묘탑이며, 다른 면에서 고려시대를 대표하는 가장 우수한 불상으로는 부석사 소조아미타여래좌상이 있다.

고려시대의 공예품으로는 고려청자가 유명한데, 전남 강진과 전북 부안에 대표적인 가마터가 있었다. 해남 대흥사의 탑산사종과 경기도 화성의 용주사종이 고려시대에 제작된 종으로 현재까지 전해져 내려오고 있다.

고려 청자

(4) 근세문화(조선건국~병자호란)

조선시대의 문화는 유교적인 양반문화와 불교, 도교, 토속신앙이 융합된 서민문화였다. 시대의 흐름에 따라 성리학이 더욱 발달되어 유교적인 양반문화가 그 폭을 넓혀 갔다.

건축에는 새로운 특징이 나타났는데, 15세기에 궁궐, 관아 성곽, 성문 그리고 학교 등의 건축이 그 중심을 이루었다.

서울의 창덕궁, 경남 합천 해인사의 장경판전(8만대장경 보관소), 개성의 남대문이 현존하는 대표적인 건물이다. 건물의 특징으로는 건물에 부속된 정원도 될 수 있는 한 인공을 가하지 않고 자연 그대로를 살린 것인데, 창덕궁의 후원과 전남 담양군 소쇄원 정원이 그 대표적인 예이다. 16세기의 건축은 성리학의 발달로 인하여 서원건축이 왕성하였는데, 경주의 옥산서원과 안동의 도산서원은 주택, 사원, 정자의 건축양식을 배합한 아름다움을 지녔다.

조선시대 도자기

조선시대의 대표적인 자기는 백자와 분청사기가 있는데, 백자는 순백의 고상함을 풍겨서 사대부의 취향에 걸맞았다. 한편, 고려자기의 기법을 이어받아 만든 분청사기는 청자처럼 화려하고 정교하지는 못하나 우아한 것이 특징이었으며, 관요가 있었던 광주 분원의 것이 유명하다.

(5) 근대 · 현대문화(1600년 이후)

조선 후기의 대표적인 건축물은 17세기의 것으로는 전북 금산사 미륵전과 구례 화엄사의 각황전 및 법주사 팔상전이 있으며, 18세기의 것으로는 평양의 대동문과 불국사 대웅전이 있고, 19세기의 것으로는 경북궁 근정전과 경회루가 있다. 특히 18세기 말에 완성된 수원성은 우리나라의 전통적인 성곽양식의 장점을 살리면서 서양식 건축기술을 도입하여 축조한 것으로 세계문화유산으로 지정되어 있다.

근대문화는 서양문화가 본격적으로 조선에 소개되면서 우리나라 건축문화에 반영되었다. 서울 서대문구의 현저동에 위치한 독립문은 프랑스 개선문을 모델로 건립하였고, 덕수궁 내의 석조전은 르네상스식 건물이다. 한편, 서울의 명동성당은 대표적인 고딕양식의 건물이다.

1970년을 지나면서 우리나라는 경제개발과 더불어 국력이 크게 신장되고 세계 각국과의 문화교류가 활발해지면서 현대적인 문화예술 건축양식이 도입되었다. 최초의 고층빌딩으로는 서울 종로구 관철동의 삼일빌딩으로, 이후 63빌딩 등 고층빌딩이 계속 들어섰다. 또한 스포츠와 여가문화의 대표적인 건축물로는 서울 올림픽경기장과 서울 상암동 월드컵경기장을 비롯해서 서울대공원, 롯데월드, 용인의 민속촌, 에버랜드 등이 있다. 2000년을 전후로 한국 드라마에서 시작된 '한류(韓流)'가 아시아 지역에서 한국문화를 강렬하게 전달함으로써 많은 외국인이 한국을 찾아왔다. 국내적으로는 각 지방정부가 다양한 지역축제를 마련하여 관광산업진흥에 매우 적극적이다.

2) 세계사와 문화유산

세계 관광명소의 70% 이상은 역사적인 문화유적지이다. 따라서 세계역사에 대한 조감적인 지식을 갖추어야만 여행지에서 역사적 인물과 명소를 생생하게 만날 수 있다.

(1) 기원전(B.C.) : 이집트 · 중국 · 인도 · 그리스문명

선사시대는 구석기시대(지금부터 1만년 이전)와 신석기시대(1만년 전~ 6000년 전)로 구분하며, 인류문명이 본격적으로 발달하게 되는 시발점은 철기시대가 시작되는 3~4천년 전으로 알려지고 있다.

이집트의 피라미드는 기원전 2700년경에 완성되었으며 나일강변의 룩소르, 아부심벨 신전 등이 모두 고대 이집트의 역사유물이다. 영혼불멸설이나 부활을 믿었던 왕과 귀족들이 죽은 뒤에 태어날 집을 가상하며 건축한 것이 피라미드이다.

지중해의 크레타와 그 주변 섬을 중심으로 꽃피운 크레타문명 역시 기원전 2700년 전의 일이다. 크레타문명 뒤에 그리스 반도에서 꽃피운 미케네문명과 헬레니즘은 로마문화에 전승되어 오늘날 유럽문명의 모체가 되었다. 그리스 반도와 그 주변 크레타 섬을 여행하는 것은 이집트 여행처럼 고대세계로 시간 여행을 떠나는 것이다.

동양사회에서는 이란, 이라크와 인도의 갠지스강, 중국의 황하 유역이 최소한 5000년 전의 고대문명지이다. 인도의 석가모니와 중국의 공자는 기원전 6세기에 태어나 불교와 유교를 만들어 2500여년간 동양사회의 역사 · 문화생활에 거의 절대적인 영향을 주어 왔다.

동 · 서양 문화의 본격적인 만남은 그리스 알렉산더대왕이 B.C.330년경 동방원정에 나서 인도까지 진출함으로써 이루어진다. 그때까지 석가모니의 불상을 만들지 않았던 인도가 그리스의 인간모습을 한 신상을 보고 부처의 모습을 만들기 시작함으로써 동양의 종교미술과 문화에 커다란 영향을 주었다.

중국의 만리장성은 기원전부터 북방민족의 남하를 막기 위하여 축조하기 시작해서 명나라 때에야 완성된 지구 최대의 건축물이다. 중국 서안에서 만날 수 있는 진시황의 지하군단 용마병갱도 기원전 200여년 전에 만들어진 역사적 유물이다.

한편, 인도 뭄바이(Bombay) 동쪽에 있는 엘로라 · 아잔타석굴은 기원전 2세기부터 만들기 시작해서 기원후 7세기까지, 무려 천년에 가까운 세월동안 만들어진 종교적 기념물이다.

(2) 기원후(A.D.)

① 5세기까지 : 로마(Rome)와 한(漢)나라의 전성

예수의 탄생은 서양과 동양문화에 커다란 영향을 주었다. B.C. 753년에 건설된 로마제국이 1200여년간 지속되다 동 · 서로 나누어지는 동안 크리스트교는 초기에는 로마에 의해 크게 박해받았지만, 나중에는 로마에 의해 서양 각국의 국교로 신봉됨으로써 오늘날 유럽 문화재의 대부분이 기독교와 관련된 역사유적이다.

② 10세기까지 : 인도 · 비잔틴 문명

한국에서는 삼국이 통일되고(B.C.676), 중국에서는 오늘날 서안에 당나라가 번창하여 불교문화가 꽃을 피우게 된다. 한국의 석굴암, 중국의 운강석굴, 인도네시아의 보로부두르(Borobudur) 등이 6~9세기를 전후해 조각되었다.

인도의 카쥬라호지방의 미투나상은 남녀의 성행위를 묘사한 조각상으로 유명한데 생식은 자연의 이치임을 종교적으로 표현한 것으로, 10세기 찬트라왕조 때 빚어진 것이다.

③ 12세기까지 : 중세문화의 전성

1096년 제1차 십자군원정이 시작되어 유럽이 다시 아랍지역의 동방사회와 전쟁에 돌입하지만 물물교류는 활발해진다.

영국의 수도 런던은 프랑스 노르망디지역을 지배하던 윌리엄공이 1066년 영국의 왕위를 계승하여 수도로 정하였다. 런던탑과 웨스트민스터사원은 윌리엄왕 재임을 전후로 건축된 것으로 현재 런던의 건축물 중 가장 오래된 것이다.

④ 14세기까지 : 중세 종교문화

스위스 루체른에 가면 호수 위에 나무로 된 다리인 카펠교가 명물이다. 이 다리는 1333년에 세워져 우리나라 조선왕조 이전에 만들어진 것으로, 보존을 잘해서 그 가치를 인정받고 있는 명물이다.

터키 이스탄불에 있는 쉴레이마니에(Suleymaniye)사원은 오스만제국(1299~1922) 초기에 건설된 호화궁전으로 336개의 코린트식 기둥으로 유명하다.

독일 · 쾰른시에 있는 쾰른 대성당은 1248년에 짓기 시작해서 450년이 지난 1880년에 완성된 대건축이다. 중세의 성당 건물은 대부분 고딕건축양식으로 건물의 대부분이 뾰쪽하게 하늘을 향해 있다. 이는 인간이 죽어서 하늘나라에 가고 싶은 심정을 건축물에 나타낸 것이라고 한다.

하이델베르크 대학과 오스트리아의 빈 대학은 14세기 후반에 세워져 유럽대학의 모델이 되었다.

⑤ 16세기까지 : 르네상스 · 지구탐험시대

중국 북경에 가면 천안문과 자금성이 관광의 필수 코스이다. 이 두 건축물은 15세기 초 명나라 영락제 때인 1407년에 착공하여 1420년에 완성한 동양건축의 진수라고 할 수 있다.

터키 종교건축의 상징인 성소피아사원은 동로마제국 때 기독교 성당으로 축조되었으나, 15세기 중반에 이슬람교도들에 의해 회교 모스크로 개조되었으며 오늘날은 박물관으로 관광객의 찬사를 받고 있다.

프랑스 여행시 가장 낭만적인 중세의 유적은 무엇보다도 파리 서남쪽 르와르 강변에 있는 고성들이다. 이 성들은 샤를로 7세, 앙리 3세 등이 별장으로 지어 놓은 15~16세기의 대표적인 성채이다. 독일 남부지방의 로맨틱가도인 뷔르츠부르크, 로덴부르크, 퓌센의 중세건물도 대개 이때 축조된 것이 많다.

1492년 콜롬버스가 북미대륙에 상륙한 후 1498년 인도항로가 개척되고, 그 후 마젤란에 의해 세계일주가 이루어졌다. 1500년에는 포르투갈의 카브랄이 브라질에 상륙하고, 1535년에는 피사로가 잉카제국을 침략하여 식민지문화의 시대가 열렸다.

인도하면 타지마할묘가 대표적인 매력 관광물로 떠오른다. 1526년 이슬람교국인 무굴제국이 세워져 5대 왕인 샤자한이 왕비의 죽음을 슬퍼하며 세계 각국에서 건축기술자들을 모아 지은 것이 바로 인도 아그라지방의 타지마할이다.

오스트리아의 쉔브룬궁(1569), 베른의 시계탑(1529), 모스크바의 상징 바실리성당(1555) 등이 모두 16세기 중엽에 만들어진 것이다.

⑥ 18세기까지 : 절대주의 · 조선의 당쟁

북경 용화궁(1694년)의 라마교 사원이 만들어졌고 안네프랑크의 집(17세기)이 지어졌다. 프랑스에서는 1710년에 베르사유궁전이 50년 공사 끝에 준공되었으며, 하이델베르크의 명물인 학생감옥도 1712년부터 1914년까지 운영되었다.

세계 최초의 국립박물관인 대영박물관(1759)이 영국에서 개관되었고, 태국 방콕의 에메랄드사원(1782년)이 영국에서 개관되었고, 태국 방콕의 에메랄드 사원(1782년)이 완성되어 오늘날 가장 특색 있는 불교사원 건축물 중 하나로 평가 받는다.

⑦ 19세기까지 : 산업혁명시대

파리의 개선문이 1810년에 완성되고 싱가포르(1819)와 홍콩(1842)이 영국의 식민지가 되어 동양에 서양문화의 거점이 마련된다.

영국의 왕실이 사용하는 버킹검궁(1837), 오스트리아의 국립극장(1869), 북경의 이화원(1868), 런던의 타워브릿지(1894) 등이 완성되었다.

프랑스에서는 에펠탑이 만국산업박람회 기념으로 건설되었다.

⑧ 20세기 : 현대문명사회

미국에서는 샌프란시스코의 금문교, 서부 LA와 올란도의 디즈니랜드가 새로운 관광매력물로 등장하였다. 브라질의 브라질리아, 호주의 캔버라 등 계획도시도 들어섰으며, 1973년에는 호주 오페라하우스가 완공되어 20세기 관광매력물로 사랑을 받고 있다.

3. 문화재

문화재는 우리 민족의 유구한 자주적 문화정신과 지혜가 담겨 있는 역사적 소산이며, 우리의 전통문화를 소개할 수 있는 매력적인 관광자원이다.

우리나라는 문화재보호를 위해 1962년에 「문화재보호법」을 제정하여 시행하고 있는데, 형행 「문화재보호법」(2016.2.3., 일부개정) 제2조 제1항에 따르면 문화재란 “인위적이거나 자연적으로 형성된 국가적 · 민족적 또는 세계적 유산으로서 역사적 · 예술적 · 학술적 또는 경관적 가치가 큰 ① 유형문화재, ② 무형문화재, ③ 기념물, ④ 민속문화재”를 말한다. 문화재의 분류는 〈표 3-1〉과 같다.

•표 3-1 **문화재의 분류**

분류	내용
유형문화재	건조물 · 전적 · 서적 · 고문서 · 회화 · 조각 · 공예품 등 유형의 문화적 소산으로서 역사적 · 예술적 또는 학술적 가치가 큰 것과 이에 준하는 고고자료를 말함
무형문화재	연극 · 음악 · 무용 · 공예기술 등 무형의 문화적 소산으로서 역사적 · 예술적 또는 학술적 가치가 큰 것을 말함
기념물	㉮ 절터, 옛무덤, 조개무덤, 성터, 궁터, 가마터, 유물포함층 등의 사적지와 특별히 기념이 될 만한 시설물로서 역사적 · 학술적 가치가 큰 것 ㉯ 경치 좋은 곳으로서 예술적 가치가 크고 경관이 뛰어난 것 ㉰ 동물, 식물, 지형, 지질, 광물, 동굴, 생물학적 생성물 또는 특별한 자연현상으로서 역사적 · 예술적 또는 학술적 가치가 큰 것
민속문화재	의식주 · 생업 · 신앙 · 연중행사 등에 관한 풍습이나 관습과 이에 사용되는 의복 · 기구 · 가옥 등으로서 국민생활의 변화를 이해하는 데 반드시 필요한 것을 말함

이러한 문화재 중 가치를 크게 지는 것을 지정하여 ‘지정문화재’라 하는데, 「문화재보호법」 제2조 제2항에서는 지정문화재를 국가지정문화재, 시 · 도지정문화재, 문화재자료로 구분하여 규정하고 있다.

•표 3-2 문화재의 유형분류

유형별 / 지정권자별	유형문화재		무형문화재	기념물			민속문화재
국가지정문화재	국보	보물	중요무형문화재	사적	명승	천연기념물	중요민속문화재
시 · 도지정문화재	지방유형문화재		지방무형문화재	지방기념물			지방민속문화재
문화재자료	문화재자료						

국가지정문화재는 문화재청장이 문화재위원회의 심의를 거쳐 지정한 문화재를 말하고, 시 · 도지정문화재는 시 · 도지사(특별시장 · 광역시장 · 특별자치시장 · 도지사 또는 특별자치도지사)가 관할구역에 있는 문화재로서 국가지정문화재로 지정되지 않은 문화재 중 보존가치가 있다고 인정되는 것을 시 · 도지정문화재로 지정된 것을 말한다. 또한 문화재자료는 시 · 도지정문화재로 지정되지 아니한 문화재 중 향토문화 보존상 필요하다고 인정되는 것을 시 · 도지사가 지정한 문화재를 말한다.

1) 무형문화재 자원

무형문화재(無形文化財)는 음악, 연극, 무용, 공예기술 등 무형의 문화적 소산으로서 우리나라의 역사적 · 예술적 또는 학술적 가치가 큰 것을 말한다. 그 대상이 실체가 없기 때문에 정부는 이의 올바른 보존과 전승을 위해 인간문화재를 선정, 그 역할을 다하도록 지원하고 있다.

무형문화재의 주요 장르를 보면 연극은 인형극, 가면극, 산대놀이, 탈춤, 5광대, 별신굿놀이 등이 있는데, 주제는 무속적 주술로서 잡귀를 쫓거나 양반, 파계승의 풍자, 처첩간의 갈등, 서민생활의 참상, 내세에의 기원 등이 주류이다.

음악은 아악, 제례악, 민요, 창악, 농악, 범패, 산조, 가곡, 가사, 무가, 시조, 잡가 등이 있다. 무용은 궁중무, 민속무, 탈춤, 바라춤, 승무 등이 있고, 공예기술은 한국인의 세계 정상의 손기술을 유감없이 보여주는 도자, 석, 죽세, 금석, 염색, 악기, 건축, 목, 화각, 자수, 복식, 직물, 제지공예 등이 있다.

(1) 종묘제례악(중요무형문화재 제1호)

종묘에서 매년 5월에 열리는 종묘춘향대제에서 쓰이는 음악으로 우리나라 무형문화재 1호이고 유네스코 등재 문화유산이기도 하다. 세종 때 기존의 중국식을 우리 고유의 한국식으로 바꾸었다. 중국에서도 이미 사라진 550년 전 왕실의 제사음악이 완벽하게 보존되어 유네스코 문화유산으로 등재되었다.

종묘제례악

(2) 양주 별산대 놀이(중요무형문화재 제2호)

경기도 양주시 유양동에 전승되고 있는 가면극으로 중요무형문화재 제2호이다.

약 200년 전부터 해마다 사월초파일과 단오에 한양의 '사직골 딱딱이패'를 초청하여 놀았으나 그들이 지방공연관계로 약속을 어기는 일이 많자 양주골의 신명이 많은 사람들이 탈을 만들고 연희를 시작했다고 한다.

내용은 산대도감계통극과 공통된 것으로서, 조선시대 서민문학의 특성과 마찬가지로 파계승(破戒僧), 몰락한 양반, 무당, 사당, 하인 및 그 밖의 늙고 젊은 서민들의 등장을 통하여 현실폭로와 풍자 · 호색(好色) · 웃음 · 탄식 등을 보여준다. 그 주제는 크게 나누어 파계승놀이와 양반놀이와 서민생활상을 보여주는 놀이라고 할 수 있다.

양주 별산대 놀이

(3) 남사당 놀이(중요문형문화재 제3호)

남자들로 구성된 유랑광대극으로서 원래 유랑예인들이 널리 행하던 다방면의 한국 전통 민속공연이다. 지금은 전문 극단에 의해 그 명맥을 이어 가고 있다. 1964년 12월 7일 중요무형문화재 제3호로 지정되었고, 2009년 9월 30일 유네스코 세계무형문화유산으로 등재되었다. 남사당은 대개 농어촌이나 성곽 밖의 서민층 마을을 대상으로 하여 모심는 계절부터 추수가 끝나는 늦은 가을까지를 공연시기로 하였다. 주로 야외 마당에서 연기자들을 둘러싸는 시골 관객들을 즐겁게 해 줄 뿐만 아니라 중요한 사회적 메시지를 전달하기도 하였다. 특히 탈춤과 꼭두각시놀음은 남성 중심의 사회에서 여성들은 물론이고 하층민들의 억압받는 삶을 놀이로 보여 주었다

외줄타기

(4) 봉원사 영산재(중요무형문화재 제50호)

49재 가운데 하나로 사람이 죽은지 49일 만에 영혼을 천도하는 의식으로 매년 6월 6일 현충일에 의식을 갖는다.

영산재는 석가모니가 영취산에서 화법경을 설하던 의식을 재현한 불교공양의식으로 중요무형문화재 제50호로 지정되어 있는 문화유산이다. 살아 있는 사람과 죽은 사람이 다함께 진리를 깨달아 이고득락(離苦得樂)의 경지에 이르게 된다는 의의를 가지고 있다.

영산재는 목탁 · 태징 등의 악기에 맞춰 법음의 소리를 짓는 범패와 호적 · 취타 등의 악기를 연주하고 법고춤과 나비춤, 복청게 등으로 이루어져 있다.

천수바라(千手鈸鑼)는 대중스님이 천수경을 독경하는 가운데 바라춤을 추는 의식으로 양손에 바라를 들고 천수다라니가 베풀어진 것을 기원하는 마음을 몸짓으로 나타내는 남성적인 춤인 반면, 도량게는 도량을 깨끗이 하고 나비춤을 추는 의식으로 백색장삼이 길게 늘어진 홍가사를 입고 탑모양의 고깔을 쓰고 양손에 종이꽃을 들고 추는 다소 여성적인 춤이다.

봉원사 영산재

(5) 진도 다시래기(중요무형문화재 제81호)

1985년 중요무형문화재 제81호로 지정되었다. 진도 다시래기는 상가에서 출상하기 전날 마을 사람들 또는 무속인들이 상주를 위로하기 위해 벌이는 원시적인 연극 형태의 놀이를 말한다. 본래 이러한 놀이는 사당패 또는 남사당패들이 주관했던 것으로 보이는데, 진도 지역에서 복원되어 현재까지 전승되고 있다. 원시적인 연극 형태를 갖추고 있기에, 극의 진행 과정에서 많은 민요들이 함께 불린다. 사당놀이, 사자놀이, 상제놀이, 봉사놀이, 상여놀이 등의 종목으로 이루어져 있고 상가의 재산정도, 사회적 명성에 따라 종목 수에 차이가 난다.

2) 유형문화재 자원

유형문화재란 건조물, 전적, 서적, 고문서, 회화, 조각, 공예품 등 유형의 문화적 소산으로서 역사적 · 예술적 또는 학술적 가치가 큰 것과 이에 준하는 고고자료를 말한다. 이러한 유형문화재 중 인류문화의 관점에서 그 가치가 특히 뛰어나고 희귀한 것을 국보 또는 보물로 지정한다.

국보는 보물급의 문화재 중 국가가 지정하여 법률로서 보호하는 유형문화재로서 지정대상은 역사적 · 예술적 · 학술적 가치가 커서 보물로 지정될 만한 것이다. 그 중에서도 제작연도가 오래되거나 그 시대를 대표하며, 제작상의 의장이나 기술이 뛰어나고, 형태, 품질, 용도가 특이하며, 역사적 인물과 관련이 깊은 모조건물, 석조물, 회화, 조각, 공예품, 고고자료, 전적, 서적, 고문서, 무구(武具) 등이다. 주요 국보는 남대문(제1호), 원각사지 10층 석탑(제2호), 북한산 순수비(제3호)를 비롯하여 법주사 쌍사자석등, 화엄사 각황전 앞 석등, 봉정사 극락전, 석굴암 석굴, 훈민정음, 하회탈 및 병신탈, 징비록, 조선왕조실록, 완당 세한도, 천마총 금관, 해인사 고려각판, 윤두서 상 , 금강산 전도, 난중일기 등 300여점 이상이다.

보물은 역사적 · 예술적 · 학술적 가치가 큰 것으로서 국가가 법적으로 지정한 유형문화재이다. 지정대상은 목조건물, 석조건물, 전적, 서적, 고문서, 회화, 조각, 공예품, 고고자료, 무구 등이다. 같은 문화재인 국보와 보물의 차이점은 국보는 각 분류별로 보물의 가치가 있는 문화재 중에서 시대를 대표하거나 학술적 · 예술적 가치가 으뜸인 것을 지정한 것이며, 보물은 일반적인 보물지정 기준에 따른 문화재이기 때문에 같은 수준의 것들이 많으며, 지정 수는 국보보다 많다. 지정번호는 가치의 높낮이를 표시한 것이 아니라 지정순서를 말한다. 2012년 기준으로 1413점으로 동대문, 보신각종, 원각사비 등이다.

(1) 국보

① 남대문

우리나라 국보 제1호이다. 1395년, 서울 도성의 축성과 함께 착공되어 3년 만에 완공된 남대문은 세종대왕과 성종대왕 때 비교적 큰 보수공사를 시행하였고 최근 방화로 소실된 것을 다시 복원하였다.

남대문은 석축인 아래층 한가운데가 아치모형으로 되어 있어 장중하고 견실한 모습을 나타내고 있다.

조선조 광해군 때 이수광이 지은 '지봉유설(芝峰類說)'에 의하면 남대문의 옛 이름인 숭례문(崇禮門)의 글자를 쓴 사람은 태종의 큰아들인 양녕대군이었다고 한다.

다른 문과는 달리 편액이 세로로 쓰여 있고, 이것은 위의 두 글자로서 불이 타오름을 상징하며, 경복궁에 마주하고 있는 화산(火山)인 관악산에 대립시킨 것이라는 풍수설이 전해지고 있다.

임진왜란 때의 재난을 모면하여 오늘날 남아 있는 조선 초기의 가장 우수한 건축물로 꼽히고 있다.

현대의 남대문

② 경복궁 근정전

우리나라에서 가장 크고 대표적인 조선왕조의 궁궐이며 근정전(국보 제233호)과 경회루(국보 제244호)를 포함하고 있다.

경복궁은 1392년 조선 왕조를 건국한 태조 이성계가 1394년 한양으로 도읍을 옮겨 그 이듬해에 창건한 조선의 정궁(正宮 ; 임금이 거처하며 국정을 돌보던 궁)으로 사적 제117호로 지정되어 있다.

근정전

경복궁 내에는 경회루, 향원정 등의 뛰어난 정자와 조선 최고의 권부를 상징하는 근정전, 경천사지10층석탑 등 세련된 목석조 건축물 등을 비롯해서 국립민속박물관 등이 있다. 현재의 경복궁은 고종 때 재건된 궁궐의 모습이다.

경회루(慶會樓)는 당초에는 중국 사신에게 연회를 베풀기 위하여 건축한 것이었다. 48개의 돌기둥 위에 2층으로 세운 누각으로 왕실과 신하 그리고 외국사절들의 연회장으로 사용되어 왔다.

경회루

향원정(香遠亭)은 왕과 그 가족들이 여가를 즐겼던 공간이다. 경복궁 북쪽에 있는 아담한 연못과 정자가 어우러져 봄철의 개나리꽃을 배경으로 한국적인 정취가 빼어난 곳이다.

향원정

이 밖에 경복궁에는 임금이 평소 거처하며 정사를 돌보던 사정전(思政殿)이 있고, 경천사지 10층 석탑(국보 제86호), 법천사 지광국사 현묘탑(국보 제101호) 등 국보와 보물급 탑 약 20여 개가 경복궁 내에 전시되어 있다.

③ 창덕궁 인정전

인정전(국보 제225호)과 명정전(국보 제226호)이 있는 고궁으로 1405년(태종 5)에 완공되었으며 조선 왕조의 공식 궁궐인 경복궁에 이어 두 번째로 모습을 드러낸 궁궐이다. 창덕궁은 이궁으로 지어졌고 조선의 역대 왕들 중에는 경복궁보다 창덕궁을 더 좋아한 왕이 많아 자연스럽게 조선 왕조의 중심지가 되었다.

평탄한 곳에 질서 정연하게 건물이 들어선 경복궁과는 달리 창덕궁은 자연과 조화를 이룬 궁궐로 유명하고 조선 왕조의 독특한 궁궐 건축과 정원 문화를 대표하는 궁궐이다. 처음 지어진 건축물들은 전쟁과 화재로 사라졌지만, 이후 세워진 건축물들은 조선 시대 궁궐 건축의 변천사를 잘 보여 주고 있고, 특히 숲과 나무, 연못, 정자, 화단 등이 환상적인 조화를 이루고 있는 후원은 1963년 1월 18일 사적 제122호로 지정되었다. 1997년 12월 유네스코 세계문화유산으로 등록되었다.

창덕궁 후원 주합루

④ 현충사의 난중일기

충청남도 아산시 염치읍에 위치한 현충사는 이순신 장군의 생가 터로 유물관에는 이 충무공 난중일기(亂中日記, 국보 제76호), 이 충무공 유물(보물 제326호) 등이 보존되어 있다.

난중일기는 이순신장군이 임진왜란과 정유재란 기간 중 겪은 일상사와 전황을 일기로 기록하여 당시의 정치, 경제, 사회, 군사와 전황을 잘 나타내고 있다.

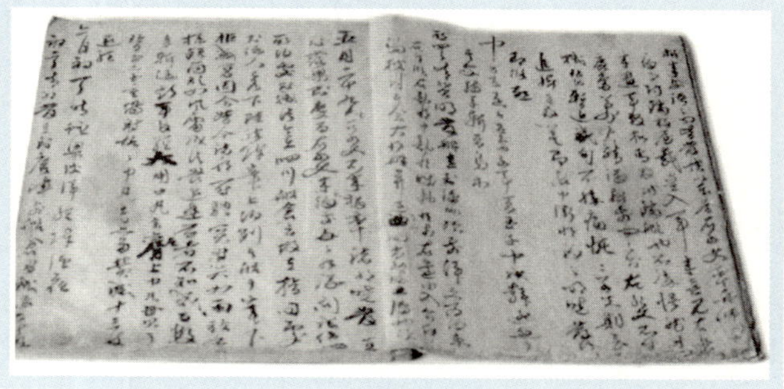

난중일기

⑤ 천마총

1973년에 발굴된 천마총은 신라 특유의 적석목곽분으로, 이곳에서 출토된 유물은 11,526점에 이르며, 특히 천마도는 우리나라 고분에서 처음 출토된 귀중한 유물이다.

출토된 장신구는 한결같이 순금제였으며 신분을 가늠할 수 있는 마구류도 이제까지 출토되지 않았던 진귀한 것이었다. 출토된 유물들로 미루어 5세기 말에서 6세기 초의 것으로 추정된다.

특히 자작나무로 만든 말다래(말이 달릴 때 튀는 흙을 막는 마구)에 하늘로 날아오르는 천마가 그려져 있는 천마도 때문에 천마총이라 부르게 되었으며 신라의 회화예술을 알 수 있게 해주는 귀중한 자료로 평가받고 있다.

국보 제207호로 지정된 천마도는 너비 75cm, 세로 53cm의 말다래에 그려진 그림으로 자작나무 껍질을 여러 겹 겹쳐 실로 누비고 둘레에 가죽을 댔는데, 안쪽 주공간에 백마가 그려져 있다.

이 백마는 네 다리 사이에서 나온 고사리모양의 날개, 길게 내민 혀, 바람에 나부끼는 갈기와 위로 솟은 꼬리 등이 하늘을 나르는 천마임을 말해 주고 있다. 이 천마는 사실적인 그림이 아닌데다 백색 일색이기 때문에 말의 몸에 힘이 나타나 있지는 않으나 실루엣으로서는 잘 묘사되었다. 둘레의 인동당초문대도 각부가 정확한 비율로 구성되었으며 고구려 사신총에서 보는 완숙한 당초문에 견주어도 손색이 없다.

목관 안에는 금제 허리띠를 두르고 금관을 썼으며 둥근 고려장식의 자루가 붙은 칼을 차고 팔목에 금팔지 및 은팔지 각 1쌍, 그리고 손가락마다 금반지를 끼고 있었다.

이것은 옛 신라인의 생활모습을 짐작하게 하는 중요한 자료가 된다. 또 천마총에서 출토된 금관은 경주시내에 있는 금관총, 금령총, 서봉총 등에서 출토된 금관보다 크고 장식이 한층 더 호화로운 것이었다.

⑥ 정림사지 5층석탑

백제의 대표적인 석탑양식으로 유명하다. 국보 제9호로 지정되어 있는 이 석탑은 익산 미륵사지석탑과 함께 찬란했던 백제문화를 증명해 주는 문화유적으로, 목탑에서 석탑으로 변해 가는 과도기적 양식을 보이는 또 하나의 백제석탑 미륵사지탑과는 달리 정형화된 석탑양식을 보여주는 탑이다.

정림사지탑은 총 높이가 8.33m에 이르는 작지 않은 탑인데도 멀리에서 보면 그리 육중한 느낌을 주지 않는다. 그러나 다가갈수록 장중하고 위엄 있는 깊이가 느껴지며 어느 정도 거리를 두고 서면 장중함과 경쾌함이 교차되어 새로운 느낌을 전해 준다.

이것은 다른 탑에서는 그 유례를 찾기 어려운 넓은 옥개석 때문이다.

옆으로 퍼진 얇은 옥개는 마치 두 손을 마음껏 펼친 춤추는 자세 같고, 옥개석 끝의 전각부분만 약간 올린 반전(反轉)수법은 한국 건축을 대표하는 선의 예술, 그 중에서도 곡선의 미를 마음껏 발휘하고 있다.

또 얕은 단층 기단 위에서 높이 빼어난 탑신은 5층이 조화롭게 배치되어 있다.

이 석탑이 있는 절이 본래부터 정림사였는지는 알 수 없다. 다만, 이 절터에서 '태평 8년 무진정림사대장륵(太平八年戊辰定林寺大藏勒)'이라는 명기(銘記)가 있는 기와조각이 발견되어 고려 현종 19년(1028)에 이 절을 정림사라 불렀던 것으로 짐작할 수 있을 뿐이다.

(2) 보물

① 동대문(흥인지문)(보물 제1호)

서울특별시 종로구 종로6가에 있는 조선시대의 성문. 정면 5칸, 측면 2칸의 다포계형식의 우진각지붕 건물. 보물 제1호. 서울 도성의 동쪽 문이므로 동대문이라고 하며 정식 명칭은 흥인지문이다.

동대문

② 보신각 동종(보물 제2호)

조선시대 만들어진 종으로, 1985년까지 서울 종로 보신각에서 제야의 종을 칠 때 사용되었다. 조선 세조 14년(1468)에 만들어졌고 임진왜란 이후 종루에 보관했다. 고종 32년(1895) 종루에 보신각이라는 현판을 걸게 되면서 보신각종이라고 불렀다. 현재는 국립중앙박물관 경내에서 보관 중이다. 전형적인 조선 초기의 종 형태를 하고 있다. 2마리의 용이 종의 고리 역할을 하고 있으며 2번의 화재를 겪으면서 원형에 손상을 입고, 음향도 다소 변했으나 명문이 남아 있어 주조 연대를 확실히 알 수 있는 귀중한 유물이다.

3) 기념물

기념물은 역사적 · 예술적 · 학술적 · 관상적(觀賞的) 가치가 매우 높은 사적, 천연기념물, 명승 등으로 나누어진다.

사적은 절터 · 옛무덤 · 패총 · 성터 · 궁터 · 가마터 · 유물포함층 등의 사적지와 특별히 기념이 될 만한 시설물로서 역사적 · 학술적 가치가 큰 것을 의미하고 천연기념물은 동물(그 서식지 · 번식지 · 도래지를 포함), 식물(그 자생지를 포함) · 광물 · 동굴 · 지질 · 생물학적 생성물 및 자연현상으로서 역사적 · 경관적 또는 학술적 가치가 큰 것을 말한다.

마지막으로 명승은 경치가 좋은 곳으로 예술적 · 경관적 가치가 뛰어난 것을 말한다.

특별히 뛰어난 자연미를 지니고 있어 심미적 중요성이 있을 뿐만 아니라 그 형성과정에서 비롯된 고유성, 희귀성, 특수성 등을 가지고 있다.

① 삼성혈

사적 제134호로 제주의 개국신화를 간직한 곳으로 고 · 부 · 양(高 · 夫 · 梁)의 3성 후손들이 제사를 올리고 있다.

삼성혈은 제주도의 원주민의 발상지로 고 · 부 · 양(高 · 夫 · 梁) 삼신이 용출하여 수렵생활을 하다가 오곡육축을 가지고 온 벽랑국의 삼공주를 맞이하여 이 땅에 농경생활을 밀고한 삶의 터전을 개척하였다는 지신족설화가 깃든 곳이다.

지혈은 품(品)자형으로 나열되어 있는데 오랜 세월이 흐름에 따라 흔적만 남았고, 상혈은 고(高), 좌혈은 양(梁), 우혈은 부(夫)를 전하고 있다.

삼성혈의 조성은 중종 21년(1526년) 이수동 목사가 삼성혈 주위 280여 척에 석단을 쌓고 혈의 북쪽에 홍문과 혈비를 세워 삼성의 후손들로 하여금 춘추제(4월 10일, 10월 10일)를 봉행함과 아울러 매년 12월 10일에 도민으로 하여금 혈제를 모시게 하였다.

삼성혈

② 가사문학권 · 소쇄원

사적 제304호로 지정되어 있고 한국의 대표적인 민간 전통정원으로 유명하며, 건축 · 조경 · 국문학과 학생들의 필수 순례지이다.

소쇄원은 조선 중종 때 사람인 양산보의 별서정원이다. '소쇄'란 본래 공덕장의 '북산 이문'에 나온 말로 깨끗하고 시원함을 의미한다. 양산보는 그 뜻을 따서 정원의 이름을 붙이고, 그 주인이라는 뜻에서 자신의 호를 소쇄옹이라 했다.

별서(別墅)란 살림집에서 떨어져 산수가 좋은 곳에 마련된 주거공간을 말하며, 이곳에 정자와 더불어 조성되는 정원을 별서정원이라고 한다.

소쇄원은 양산보가 1527년에 조성하여 그 후로 3대가 70여년에 걸쳐 완성한 것이라 하며, 이때 면앙정을 지었던 송순과 김인후가 도움을 주었다고 한다. 소쇄원은 조선시대 민간 정원의 백미를 비교적 원형 그대로 볼 수 있는 곳이다. 이곳은 자연 그대로를 살리면서 꼭 필요한 부분에 적절하게 인공을 가하였다고 한다. 소쇄원과 인접하여 식영정, 면앙정, 송강정, 환벽당 등이 가사문화권 유적지를 형성하고 있다.

소쇄원

출처 : 관광지식정보시스템

4) 복합문화재

① 녹우당

녹우당은 해남 윤씨의 종가로 전라남도에 남아 있는 민가 가운데 가장 규모가 크고 오래된 대표적 양반집이다. 대문 앞의 은행나무는 500년가량 된 것이라 하며, 마을 뒤 비자숲(천연기념물 제241호) 또한 500년가량 된 것으로 추측되고 있다.

녹우당은 조선 중기의 학자이자 시조작가인 고산 윤선도와 그의 증손이며 선비 화가로 유명한 공재 윤두서를 배출한 해남 명문의 양반집이다. 지금은 윤씨 종가 전체를 녹우당이라 하고 있으나, 원래는 그 사랑채 이름이 녹우당이다. 집 뒤 산자락에 우거진 비자숲이 바람에 흔들릴 때마다 쏴 하며 푸른 비가 내리는 듯하다 하여 그런 이름을 붙였다고 한다.

윤선도는 효종의 어린 시절 사부였다. 효종은 즉위한 후 그를 위해 수원에 집을 지어 주었는데, 효종이 죽자 윤선도는 고향으로 내려오면서 수원 집의 일부를 뜯어 옮겨 왔다. 그것이 지금의 녹우당인 사랑채이다.

녹우당은 호남의 민가 중 독특하게 ㅁ자형으로 되어 있으며 집 앞의 유물전시관은 정말로 볼 거리로 꽉 찬 보물창고이다.

'금쇄동집고', '산중신곡', '사은첩'들이 일괄하여 〈보물 제482호〉로 지정되어 있으며, '지정 14년 노비문헌'(보물 제483호)은 고려 때의 것으로 이두문(吏讀文)으로 쓰여 있으며, 순천 송광사 노비첩과 함께 희귀한 고려시대의 문서이다.

'해남 윤씨 가전 고화첩'은 윤두서의 작품들을 모은 것으로 보물 제481호로 지정되어 있으며, 윤두서의 대표작이자 우리나라 회화사상 최고의 초상화로 꼽히는 그의 자화상(국보 제240호)을 비롯하여 윤씨 가보라는 화첩 두 권과 가전 유물이라는 서첩 세 권으로 되어 있다.

그의 자화상에서 눈여겨볼 것은 귀가 그려지지 않았다는 것과 눈동자가 어느 방향에서 보건 자신을 쳐다보는 듯한 느낌을 준다는 점이다.

녹우당

② 경주 국립공원

신라 천년의 찬란한 문화를 꽃피운 경주는 한국 고도(古都)관광의 대표적인 곳이다.

훌륭한 사적과 역사적 유물이 놀라울 만큼 한 지역에 집중적으로 잘 보존되어 있어 국보급 또는 세계적으로 가치 있는 문화재들이 쏟아져 나왔다. 또 찬란했던 문화와 그 예술을 확인할 수 있는 경주는 도시 전체가 살아 있는 박물관이라고 할 수 있다.

경주에서 빼놓을 수 없는 곳이 불국사와 석굴암이다. 이 밖에도 첨성대, 천마총, 무열왕릉, 남산지역 등 많은 문화재가 도시 전체에 보석처럼 흩어져 있어 유네스코는 경주를 세계 10대 문화유적도시로 지정한 바 있다.

정부는 경주에 보문관광단지를 조성하여 숙박, 음식, 여가시설을 갖추어 국내외 관광객들에게 서비스를 제공하고 있다.

경주 고분군

경주 안압지 야경

4. 전통사찰(절)

불교의 절이란 승려들이 불상과 불탑을 모시고 살면서 불도를 닦고 교리를 배우고 가르치는 곳을 말한다. 때로는 가람, 사찰, 정사라 부르기도 하고, 순우리말로는 절이라고 한다. 절은 수도하는 곳, 즉 불교의 인생관과 세계관을 올바로 수립하며 그 진리를 널리 선양하고 구현시키는 곳이다. 따라서 절은 수행과 교육과 포교의 세 가지 기능을 발전시켜 왔다. 이 세 기능을 보다 훌륭하게 충족시키기 위해서 절에는 예배의 대상이 되는 불상이나 탑이 가장 핵심적인 구조물로서 만들어졌다.

1) 가람배치

가람배치란 사찰건물의 배치이다. 즉 탑, 금당, 강당 등 사찰의 중심부를 형성하는 건물의 배치를 가리키며 그 배치는 시대와 종파에 따라 다르다.

고구려의 가람배치는 팔각의 목탑을 사찰의 중심 건물로 하고, 일탑 삼금당식에 북쪽 금당 좌우에 2개의 건물지가 배치돼 있고, 백제 가람은 탑의 불전과 일직선상에 놓여 있으며 일탑 일금당식 가람배치이다. 신라의 가람은 모두 평지에 있는 점이 특색이며 절의 중심 건물은 탑이었다. 통일신라 가람에서는 전기에는 두 탑이 불전의 동쪽과 서쪽으로 대칭하여 세워지며, 쌍탑식 가람배치라 했는데, 후기에는 절이 산에 건립되었으며, 산지가람이 발달하여 가람배치가 자연의 지세에 따라 건물이 놓이게 되어 쌍탑이 없거나, 일탑 일금당이거나, 경우에 따라 무탑절이 생겼다. 이후 고려는 통일신라의 가람배치를 계승하였다. 초기에는 탑에 대한 배려가 높았으나, 후기가 되면서 탑이 없는 절이 많이 생겼다. 고려의 가람은 산지 일탑 일금당병렬식과 산지 쌍탑병렬식, 산지 무탑식이 혼재한다. 조선시대는 가람배치의 계승과 모방에 그치고 있다.

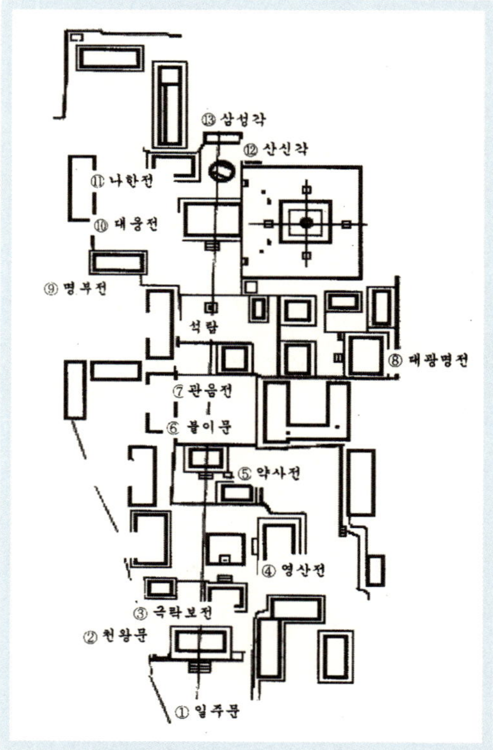

가람배치도

2) 불전(佛殿)

(1) 일주문(一柱門)

절의 대문에 해당하는 일주문은 세속의 차원을 벗어나 맨처음 불법의 세계로 들어오는 단계를 상징한다. 이때 불제자에게는 불법과 부처님을 믿는 한마음이 꼭 필요하다는 뜻에서 일주문은 두 개 혹은 네 개의 기둥을 가로로 나란히 세우고 그 위에 지붕을 얹는 독특한 양식을 취하고 있다.

(2) 천왕문(天王門)

불법을 보호하는 네 천왕이 배치되어 있다. 여기서의 무시무시한 모습의 천왕들을 배치한 까닭은 중생의 탐욕과 분노와 어리석음을 질타하는 한편, 비록 엄청난 신력을 가진 천왕이라 할지라도 부처님의 경지에서 보면 까마득한 낮은 차원임을 보여준다.

(3) 극락전(極樂殿)

아미타전(阿彌陀殿) 또는 무량수전(無量壽殿)이라고도 한다. 아미타여래를 중심으로 관음보살과 대세지보살을 좌우에 봉안하고, 삼존불의 뒤쪽에 극락의 법회장면을 묘사한 극락회상도나 극락구품탱화를 걸어서 극락의 모습을 나타낸다. 아미타전은 아미타여래의 법회인 미타회상을 상징한다.

(4) 영산전(靈山殿)

석가모니불과 그의 일대기인 팔상탱화를 봉안하다.

(5) 약사전(藥師殿)

약사여래를 주불로 모시고 월광보살과 일광보살이 협시로 봉안된다.

(6) 불이문(不二門)

절의 세번째 문으로 바로 도리천을 상징하는 것이다. 너와 나, 중생과 부처, 생사와 열반 등 온갖 상대적인 개념들을 초월하여 모든 것이 둘이 아닌, 불이의 경지에 부처님이 계신다는 것을 공간적으로 상징한다.

(7) 관음전(觀音殿)

원통전(圓通殿)이라고도 한다. 관세음 보살을 주로 봉안하고 그 좌우에는 남순동자와 해상용왕을 배치하는데, 이들은 조상이 아니라 후불탱화에서만 나타난다.

⑻ 대광명전(大光明殿)

화엄전(華嚴殿) 또는 비로전(毘盧殿)이라고도 하며 불전 가운데 가장 큰 규모이다. 연화장 세계의 교주인 비로자나불을 중심으로 화신불인 석가모니불과 보신불인 아미타여래를 봉안한다. 그리고 화신불과 보신불의 좌우에 각각 문수·보현·관음·세지보살을 협시로 봉안하기도 한다. 해인사·금산사의 대적광전이 대표적이다.

⑼ 명부전(冥府殿)

지장전(地藏殿)이라고도 하며, 저승의 유명계를 사찰에 옮겨놓은 것이다. 지장보살을 중심으로 도명존자와 무독귀왕을 협시로 봉안하고, 그 좌우에 명부시왕상을 배열한다. 따라서 지장이 강조되면 지장전, 명부시왕이 강조되면 명부전이라고 한다.

⑽ 대웅전(大雄殿)

대웅보전이라고도 하며 절의 중심에 위치하며, 가장 흔히 볼 수 있는 형태는 석가모니불을 중심으로 문수보살과 보현보살을 봉안한 것이다. 격을 높여 대웅보전이라고 할 경우에는 석가모니불의 좌우에 아미타여래와 약사여래를 모시고, 여래불의 좌우에 다시 협시불을 봉안하기도 한다. 이것은 석가모니의 법회인 영산회상을 상징한다.

⑾ 나한전(羅漢殿)

석가모니불을 주불로 봉안하고 주위에 석가의 존자인 16나한상을 봉안한다. 이것은 수도승에 대한 신앙형태를 보여주는 것이다.

⑿ 산신각(山神閣)

불교에 없던 토착신을 호범신중으로 수용한 것으로 산신은 호랑이와 노인상으로 표현된다.

⒀ 삼성각(三聖閣)

산신 · 칠성 · 독성을 한 전각 안에 봉안한 것이다.

3) 석탑과 부도

사찰의 중심부에는 부처님의 사리봉안을 상징하는 탑이 있고 사찰의 입구나 특정 장소에 고승들의 사리를 부존하는 부도가 있다.

(1) 석탑

탑이란 갖추어 말하면 탑파(塔婆)로서, 간단히 말해서 사리 신앙을 바탕으로 하여 발생한 불교의 독특한 조형물이다. 석가모니의 열반 후 불도들은 인도의 장례법에 따라 화장의 예를 갖춤으로써 그 유신인 사리를 얻게 되었고, 이 사리를 봉안하기 위하여 구조물을 쌓은 것이 바로 탑파, 즉 불탑이 되었다.

한국 탑의 기원은 대체로 6세기 후반에서 7세기 초에 이르는 삼국말기의 시기에 두어야 할 것이다. 이 시기에는 목탑을 소유하였는데, 고구려는 청암리 절터에서 8각목탑지가 발견되었고, 백제는 익산의 제석사지에서 발견, 신라는 황룡사지에서 발견되었다. 그 뒤 목탑이 지닌 내구성에 대한 취약점을 보완하는 한편, 탑파가 지향하는 종교적 영원성을 위해 석재로써 탑을 만들었다. 이런 식으로 발전하여 벽돌탑 양식인 모전석탑 양식을 발전시켰다. 이러한 탑의 종류에는 재료에 의하여 목탑, 전탑, 모전석탑, 석탑, 청동탑, 금동탑 등으로 구별할 수 있다.

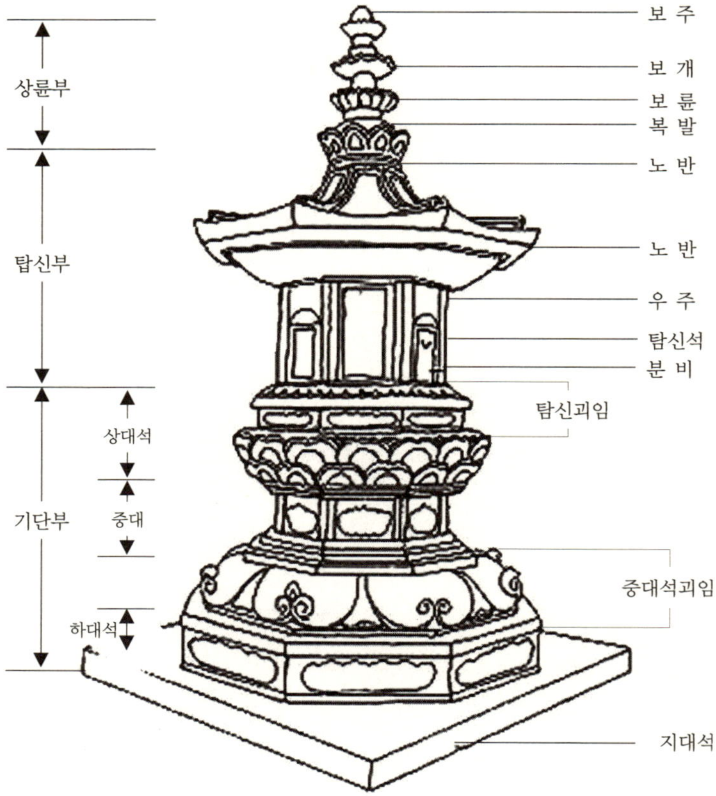

석탑세부명칭

(2) 부도

불탑이 불사리를 장치한 불의 묘탑으로서의 성격을 지닌 것이라면, 부도는 승려의 묘탑이라고 할 수 있다. 불탑은 사찰의 중심부에 위치하나 부도는 그 변두리나 경내 밖으로 위치할 경우가 있고, 형태에 있어서도 불탑이 방형다층인데 비해, 부도는 8각 또는 특수한 형태를 지니고 거의 단층을 이루고 있다. 우리나라의 부도의 기원은 통일신라 말기에서 비롯되며 선종의 발달과 더불어 크게 유행하게 되었다. 즉 부도는 조상숭배를 중시하는 선종의 발달과 더불어 성행하였으며, 고승신앙의 한 형태로 전개되어진 것이다. 부도의 대표적인 양식은 8각 원당형을 들 수 있다. 이 8각부도는 단층을 이루고 있는데, 기단이나 탑신부에는 사자, 신장, 연화, 비천 그리고 목조건물의 세부 등이 음각되어 있어서 아름다움을 한층 돋보이고 있다. 특히 우수한 것은 신라후기와 고려초기에 걸쳐 건립된 것이다. 오늘날에 전하는 대표적 8각 부도를 보면 쌍봉사 철감선사탑(국보 제57호), 실상사 증각대사탑(보물 제38호), 보림사 보조선사탑(보물 제157호), 태안사적이선사탑(보물 제273호), 진전사부도(보물 제439호), 연곡사부도 등을 들 수 있다. 8각부도 외에 신라말기 작품으로는 울산 태화사지 부근에서 발견된 부도(보물 제441호)를 들 수 있는데, 이것은 인도의 원탑양식을 따르고 있고, 그 둘레는 나체에 가까운 12지의 입상으로 조각한 것이다.

미황사 부도암

4) 한국의 대표사찰(절)

(1) 양산 통도사(梁山 通度寺, Tongdosa Temple)

석가의 진신사리를 모시고 있는 곳으로 불보사찰의 명예를 얻고 있는 삼보(三寶)사찰 중의 하나이다. 다른 삼보사찰로는 승보사찰 송광사, 법보사찰 해인사가 있다.

통도사 경내에는 대원군이 쓴 현판이 걸린 일주문, 보물 제144호인 부처가 없는 대웅전, 부처의 진신사리를 모신 금강계단을 비롯해 50여 채의 건물들이 계곡을 낀 넓은 터에 꽉 들어차 있다.

통도사(通度寺)라 함은 첫째로 통도사가 위치한 이 산의 모습이 부처님이 설법하시던 인도의 영취산(靈鷲山)의 모습과 통하므로 '통도사'라 이름했고, 둘째, 승려가 되려는 사람은 모두 이 계단을 통한다는 의미에서 통도라 했고, 셋째로는 모든 진리를 회통하여 일체 중생을 제도한다는 의미에서 통도라 이름붙였다고 한다.

대웅전 바로 뒤에 있는 금강계단은 금 가운데 최강이므로 금강(金剛)이라 이름했으며, 또 날반경에는 어느 것이든 금강을 능히 깨뜨릴 물건이 없지만 금강은 일체의 모든 번뇌망상을 모두 깨뜨릴 수 있다고 했다. 이러한 지혜는 계(戒), 정(定), 혜(慧) 3가지 배움으로써 성취될 수 있다는 것이다.

이 밖에 자경암은 신라 진평왕 때 자장율사가 창건한 암자라 전해진다. 이 암자에서 정성들여 불공을 드리면 암자 뒤 바위 구멍에 산다는 1400년 된 금개구리가 보인다고 한다. 전설에 따르면 이 개구리는 푸른 몸에 입이 금색으로, 자장율사가 신통력을 기르던 것으로서 절대로 산문 밖에는 나가지 않으며 펄펄 끓는 물속에서도 뛰어 다니고 벌로 변하기도 하여 그 변화를 측정할 수 없었다고 한다.

통도사로 들어가는 관문격인 일주문은 대원군의 필적인 '영취산통도사(靈鷲山通度寺)'라는 글씨가 돋보이며, 대웅전 뒤에 있는 연못인 '구룡신지(九龍神池)'는 이에 대한 전설이 있다.

전설에 따르면 자장율사가 처음 절터를 찾기 위해 나무로 새를 깎아 날려보내자 한겨울인데도 연꽃 한 송이를 물고 날아왔다고 한다.

이에 그 곳을 찾아가 보니 연못에 연꽃 세 송이가 피어 있었는데 그 중 두송이만 남고 한 송이는 자장율사의 새가 따 가지고 온 것임을 알게 되었고, 통도사는 바로 이 연못을 메워 버리고 그 자리에 세운 절이라고 한다.

통도사

출처 : 관광지식정보시스템

(2) 전등사(傳燈寺, Chondungsa Temple)

인천광역시 강화군 길상면 온수리에 있는 전등사는 우리나라의 대표적인 사찰로서, 고구려 소수림왕 11년에 아도화상(阿道和商)이 개산(開山)하여 진종사(眞宗寺)라 하던 것을, 고려 제25대 충렬왕의 원비 정화공주가 불전에 옥으로 만든 등을 희사한 뒤부터 전등사라 불리게 되었다고 한다.

전등사에는 대웅전(보물 제178호), 약사전(보물 제179호), 범종(보물 제393호) 등 많은 보물이 있고 건축미 또한 극치를 이루어 미학적으로도 진귀한 가치를 지니고 있다. 특히 팔만대장경은 고려 제23대 고종때 처음으로 강화문 밖 대장경고에 두었다가 합천 해인사로 옮겼다고 한다.

보물 제178호로 지정된 대웅전의 현존건물은 조선 광해군 13년(1621)에 지은 정면 3칸, 측면 2칸 형식의 목조건물이다. 정면 3칸은 기둥과 기둥 사이를 같은 길이로 나누어 빗살문을 단 형식이다. 외관상 나타나는 특징은 우선 비슷한 시기의 다른 건물에 비해 약간 변화가 있다는 점이다. 곡선이 심한 지붕과 화려한 장식(발가벗은 여인의 모습으로 쪼그려 앉은 인물상, 동물조각, 연봉오리조각 등)은 그러한 특징을 잘 보여준다.

대웅전의 내부는 아름다운 목조각으로 만든 불단, 우물천장, 고색 창연한 단청무늬, 비천문, 연꽃 목조각들이 있어 보는 사람의 눈길을 끈다. 보물 제179호인 약사전은 대웅전 서쪽에 위치하는 건물로 대웅전과 거의 같은 양식의 건물이다.

대조루는 대웅전에 이르는 중정 앞에 있다. 아침과 저녁으로 밀려오는 조수를 바라본다고 해서 붙여진 이름이다. 오르내리면서 쳐다보는 2층 문루 처마 밑에 전등사라는 현판이 걸려 있다.

전등사에 전해지는 유물로 대표적인 것은 보물 제393호로 지정된 전등사 범종이다. 이 종은 우리나라 종의 형태와 전혀 다른 중국에서 주조된 중국 종이다.

종 몸체에 일부 명문이 남아 있어 만들어진 것이 대송 회주, 절 이름 숭명사,

연대 1097년 등을 밝힐 수 있다. 이 종은 일제 말기에 군수물자로 징발되어 전등사를 떠나 이곳 저곳을 떠다니다 광복 이후 부평 군기창에서 발견되어 다시 이곳으로 옮겨온 것이다.

(3) 송광사(松廣寺, Songgwangsa Temple)

송광사는 전라남도 순천시 송광면 조계산에 있는 절로서 일명 대길상사(大吉祥寺) 또는 수선사(修禪寺)라고 부르기도 하는데, 신라말기에 혜린선사(慧璘禪師)에 의하여 창건되었다고 전한다. 처음에는 길상사라고 불렀으나, 고려 명종 때 보조국사(普照國師)에 의하여 크게 중창하면서 1208년(희종 4년)에 임금의 명명으로 송광사라 부르게 되었다고 한다.

송광사에는 본래 80여동의 가람이 연이어 있어서 우중에도 비를 맞지 않고 경내를 다닐 정도였다고 하며 현재에도 50여동의 가람이 즐비하게 늘어서 있어 이를 일컬어 천하삼보(天下三寶) 즉 불(佛)의 통도사, 법(法)의 해인사, 승(僧)의 송광사라 불러 유명하다. 우리나라 3대사찰 중의 하나로 일컬어지는 이유도 여기에 있다.

또 송광사에는 보조국사 이후 15국사(國師)가 계속 배출되었기 때문에 승보종찰(僧寶宗刹)이라고도 부르며, 국보 제42호인 목조삼존불감, 국보 제43호 고려고종제서, 국보 제56호 국사전(16국사의 영정 보관) 등 국보 3점과 보물 12점 및 천연기념물 1점, 지방문화재 8점 등 숱한 보물 외에도 추사의 서첩, 조선 제12대 영조의 어필, 대원군의 난초 족자 등 수많은 문화재들이 자체 박물관에 전시되어 관람객을 반기고 있다.

목조삼존불감(木彫三尊佛龕)(국보 제42호)은 전래의 유물 가운데 만든 방법과 구조양식으로 보아 이국적인 취향을 보여주고 있다. 정교한 목조예술의 정화라 할 것이다. 섬세한 조형수법은 말할 것도 없고 그 조형의 착상이 뛰어난다. 불감(佛龕)은 나무로 만든 전개식 3면 불감인 까닭에 닫아 놓으면 원두의 원통형이 되고 열어 놓으면 삼존불감이 드러나는데 높이는 불과 13.9cm, 폭 7cm의 소형이다. 중앙에는 보존 석가여래상과 합장한 승상과 보살, 동자상, 사자상 등을 연화좌 위에 배치시키고 있다. 14cm도 못되는 크기 속에 총 22구의 불상이 조각되어 있어 인간의 작품이 아닌 신의 작품이라 부르기도 한다.

국사전(국보 제56호)은 조선 초기의 건물로 추정되는 정면 4칸, 측면 3칸에 단층맞배지붕, 주심포집이다. 이 건물의 특징은 건물 내부 전체에 걸쳐 우물정(井)자 천장이 가설된 것이며 이것은 주심포식 집의 원래 양식에는 없는 것으로, 또 주두 위에서 벽면으로 뻗는 행공 첨자의 형태가 다포집 양식의 그것과 꼭 같은 양식으로 된 점들이다. 국사전이야말로 승보사찰(僧寶寺刹) 송광사의 상징적 건물이다. 사찰은 단순히 스님이 있어 사찰이 아니라 수도하는 고승대덕이 있음으로 해서 더욱 빛나는 것이다.

이밖에 조계산 마루 천자암 뒷뜰에 서 있는 곱향나무인 쌍향수(雙香樹)는 천연기념물 제88호로 지정되어 있다. 조계산의 천자용을 짓고 수도하던 보조국사와 왕자의 몸으로 보조(普照)의 제자가 된 담당이 중국서 올 때 짚고 온 지팡이를 꼽은 것이 자란 것이라는 전설이 있으며, 수령 700여년의 나무로 묘하게 뒤틀리며 꼬여 올라간 것이 신비롭다.

송광사 전경

(4) 화엄사(華嚴寺, Hwaumsa Temple)

화엄사는 전남 구례읍에서 동쪽으로 8km 지점인 지리산국립공원의 중심에 위치하는 우리나라 5대사찰의 하나로서, 화엄 10대사찰 가운데 제1위의 신라 고찰이다.

신라 진흥왕 5년(554년)에 연기대사(緣起大師)에 의하여 창건되었고, 선덕여왕 때에는 자장대사가 중창하였다. 임진왜란 때 병화를 입어 전소된 것을 인조 8년에 벽암사가 본사를 중건하고, 숙종 29년(1703년)에 지금의 각 항전을 건립하였다고 한다.

화엄사에는 국보로 각항전 앞 석등(국보 제12호), 4사자3층석탑(국보 제35호), 각항전(국보 제67호) 등 3점과 보물로는 동오층탑(제132호), 서오층탑(제133호), 대웅전(제299호), 원통전 앞 사자탑(제300호) 등 4점이 보존되고 있고, 천연기념물과 비지정문화재 등이 많이 있다.

화엄사 내의 각황전앞 석등(국보 제12호)은 통일신라 후기의 것으로 국내 현존하는 석등 가운데 최대 걸작이다. 이 석등은 인도의 꽃 우담발화를 모방하여 의상대사가 만들었다고 한다. 우담발화는 성현이 출현한다면 핀다는 전설을 가진 신비의 꽃이다. 높이 6.36m, 기본형은 8각으로 그 형태가 비교적 완전하게 보존되어 있다. 차디찬 무생물 화강석을 더듬어서 생명이 부여된 여인의 살결을 느끼게 해주는 아름다운 조각품으로 변화시킨 것이다.

4사자3층석탑(국보 제35호)은 경내의 서북쪽 각황전(국보 제67호)과 동백꽃밭 사이에 난 108계단을 올라서면 다보탑과 쌍벽을 이룬다. 높이 5.5m의 이 탑은 신라 때 작품으로, 전하는 바로는 연기대사가 어머니의 은공을 갚기 위해 문수보살을 찬견하고 세웠다는 전설이 전해온다. 그래서 탑 앞에는 아들이 합장하고 선 효자탑인 석등이 함께 서 있다. 탑신을 받친 4마리의 사자는 희·노·애·락을 상징하며 각각 그 표정을 새겨 놓았다. 하층기단 면석에는 천인상을 양각하였는데 모두 보관과 영락으로 몸을 장식, 천의를 공중에 휘날린다. 연화대 위에 앉은 자세도 각양각태로 악기를 잡고 연주하고 혹은 팔을 벌려

춤을 추거나 꽃을 받쳐 공양하는 모습 등으로 불천을 찬양하고 있다.

화엄사 전경

(5) **상원사**(上院寺, Sangwon Temple)

우리나라에서 가장 오래된 상원사동종(국보 제36호)으로 유명한데, 이 종은 신라 성덕왕 24년에 만든 것이다. 상원사(上院寺)는 월정사와 함께 신라 성덕왕 때 자장율사가 창건했으며 조선시대에 들어와 조선 태조와 세조가 신행하여 문수동자상을 만들어준 유명한 절이다. 세조가 입었던 용포어의도 보존되어 있다.

문수동자상(文殊童子像, 국보 제221호)은 상원사와 밀접한 연관을 맺고 있으며, 이 상은 바로 오대산에 문수보살이 머물었음을 증명하는 역사적 산물이다.

따라서 상원사 화재시에도 불도들이 이 동자상을 불길로부터 구원하는데 사력을 다했다는 유명한 일화가 있다. 이 동자상은 세조대왕이 직접 친견했다는 오대산 문수동자의 상을 조각한 목조불상이다. 즉 세조는 처음 왕위에 등극한 후 말못할 병에 걸려 이를 고치기 위하여 명산대찰에서 기도했다고 한다. 마침내 월정사에서 완쾌했다고 하는데, 그 때의 영험을 기리기 위해 조성된 것이다. 이 동자상은 상원사의 가장 중요한 예불상이다.

(6) 영주 부석사(浮石寺, Pusok Temple)

부석사는 우리나라에서 목조건물로는 안동에 있는 봉정사의 극락전과 함께 가장 오래된 무량수전(국보 제18호)이 있는 고찰로 신라 문무왕 16년이던 676년에 의상조사가 창건했다.

의상(義湘)은 19세 때 황복사에서 중이 된 뒤, 당나라에 들어가 10년 동안 화엄경을 연구하고 돌아와서 왕명을 받고 국내에서는 부석사에서 화엄종을 처음으로 펼쳤기에 부석사는 화엄종의 근본 도량으로 삼고 있는 큰 절이다.

부석사에 있는 주요 문화재로는 국보 제18호인 무량수전, 국보 제19호인 조사당, 국보 제46호인 조사당벽화, 국보 제17호인 무량수전 앞 석등, 보물 제249호인 3층석탑, 그리고 보물 제255호인 길이 5m의 당간지주, 소조여래좌상(흙부처 : 塑造如來坐像)이 있다.

부석사에 어려있는 전설이 재미있다. 의상대사가 원효대사와 함께 당나라에 가서 화엄경을 연구하고 있는 동안 한 신도의 집에서 선묘라는 아가씨를 알게 되었는데, 선묘는 의상대사를 짝사랑하여 흠모하면서 법복을 만들어 전하려 했다.

그러다가 의상이 귀국길에 올랐다는 말을 듣고는 황급히 바닷가에 나가 법복을 날려 대사에게 전해 달라고 기원했다. 그러자 돌풍이 불어 법복이 날려서 항해중인 의상에게 전해졌고, 선묘는 용이 되어 의상이 탄 배가 신라에 무사히 도착하도록 도왔다. 의상이 부석사를 창건하자 선묘는 석룡이 되어 무량수전 아래에 묻혔는데, 용의 머리는 아미타불 아래에서 시작이 되어 석등 아래에 그 꼬리가 놓여 있다는 것이다. 이것을 선묘화룡이라 한다.

부석사

출처 : 관광지식정보시스템

(7) 운주사(雲住寺, Unjusa Temple)

운주사의 탑과 불상의 모습은 그 위치만큼이나 매우 특이한 것으로 유명하다.

호남에 산이 적어 도선국사가 천불천탑을 조성했다는 운주사에는 현재 70여 기의 불상과 16기의 석탑이 남아 있다.

절 주변은 사적 제312호로 지정되어 있으며, 구층석탑과 석불감쌍배불좌상, 원형 다층석탑이 각각 보물로 지정되어 있다.

대부분 자연적인 바위를 기단삼아 세워진 탑들은 층수가 다양하고, 모양도 완전히 정형을 벗어난 원반이나 항아리 모양의 돌을 쌓아올린 것도 있다. 심지어 입구쪽 오른편 산등성이에는 다듬지 않은 돌덩이를 크기대로 올려놓은 것만으로 이루어진 탑도 있다.

12m에 이르는 커다란 것에서부터 수십 센티미터 정도의 작은 것에 이르는 불상들은 대체로 갸름한 콧날만이 조금 도드라졌을 뿐, 눈과 입이 선에 가깝게 표현된 무표정한 얼굴을 하고 있다. 몸 전체가 납작한 돌기둥 모양이고 팔다리의 비례가 제대로 맞지 않으며, 두 어깨에서 흘러내린 옷주름은 도식화되어 규칙적인 선으로 표현되었다. 또한 얼굴이나 몸매에서 부처의 위엄같은 것은 찾아볼 수 없다. 이러한 불상과 탑들은 그 양식으로 보아 대체로 12~13세기 고

운주사

운주사 불상

려시대에 제작되었을 것으로 여겨진다. 고려시대에는 불상에 있어서 운주사 불상들과 유사한 형태의 지방화된 양식들이 대거 출현했으며, 또 탑에 있어서도 기존의 틀을 벗어나 육각이나 팔각 또는 원형 탑들이 건립되었다.

전설에 의하면 도선대사가 이곳에 절을 세우기 위해 머슴을 데리고 와서 천상의 석공들을 불러 용강리 중장터에 모아 놓고 단 하루 사이에 천불천탑을 완성하고 새벽닭이 울면 가도록 일렀다. 천상에서 내려온 석공들은 절 뒤의 공사바위에서 돌을 깨어 일을 열심히 했으나, 도선이 보기에 하루 사이에 끝내지 못할 듯싶으므로 이곳에서 8km쯤 거리에 있는 일괘봉에 해를 잡아 놓고 일을 시켰다. 해가 저물고 밤이 깊어 천상의 석공들은 열심이었으나, 이들의 일손을 거들어 주는 도선의 머슴들이 지쳐 꾀를 생각해 냈다. 어두운 곳에 숨어 닭우는 소리를 흉내냈다.

일을 하던 석공들은 이 가짜 닭소리를 듣고 모두 하늘로 올라가 버렸다. 이 때문에 미처 세우지 못한 와불이 생겼고, 도암 하수락 일대 돌들은 천상의 석공들이 이곳으로 돌을 끌어오다 내버려두고 가 버려 이곳 일대 돌들은 운주사로 끌려오다 중지된 형국을 하고 있다는 것이다.

5. 박물관 · 기타

1) 박물관 관광자원

(1) 국립민속박물관(國立民俗博物館, National Folk Museum)

한국인의 전통적인 의식주 생활과 관습관련 자료들을 전시해 놓은 생활박물관이다. 국립민속박물관은 3개의 종합전시관에 15개의 전시실과 1개의 기획전시실을 마련하고 있다. 소장된 유물은 2만여 점에 이르며 이들 중 4300여 점이 상설 전시되고 있다.

종합전시장의 제1전시관은 한민족 생활사실로, 한국 민족의 생활문화사를 상징하는 유물들이 선사시대, 삼국시대의 고구려 · 백제 · 신라, 그리고 고려시대, 조선시대 순으로 전시되어 있다.

전시품들은 선사시대의 각종 생활도구와 청동기시대의 생활상, 고구려의 생활문화, 백제의 제사 유적, 신라의 왕경도, 가야의 야철공방, 고려의 인쇄와 청자문화, 조선의 한글창제와 과학기술 등 정신세계와 관련된 자료들이 복원된 것이다.

제2전시관은 생산 민속, 생활 문물 등 물질문화와 관련된 생업자료실이다. 농경문화 · 수렵 · 어로 · 수공예 등 생업과 관련된 유물과 전통사회의 의 · 식 · 주에 관한 문화자료 및 모형을 배치하고 있는데, 생업은 고대의 농기구를 비롯해 근대 농촌에서 쓰였던 각종 농기구와 정월 대보름 놀이 등 농경의 세시의례를 복원 · 전시하고 있다.

의생활은 고대 복식부터 근대에 이르는 각종 옷과 장신구류를, 주생활은 각종 가옥형태를 모형으로 복원했다. 또 양반 사대부의 생활과 내면세계를 엿볼 수 있는 안방과 사랑방이 실물 모형으로 꾸며져 있어 옛모습 그대로를 음미할 수 있다.

식생활은 부엌 세간을 비롯해 세시음식과 일상음식 등의 음식문화를 통해 우리의 전통적인 식생활의 단면을 보여준다. 수공예는 칠기 및 화각공예품과 옹기가마를 복원 · 전시하고 있다.

제3전시관은 출생에서부터 죽음에 이르기까지 한국인의 일생을 일목요연하게 보여주는 통과의례실로, 의례 · 교육 · 놀이 · 예능 및 오락 · 시장 · 관행 · 민간 신앙 등 생활 전반에 대한 민속자료들이 총망라되어 있는데, 기자암에 아들을 비는 선바위를 비롯해 서당 · 향교 · 관례 및 혼례 · 회갑연 · 상청 · 제례상 · 사당 등의 모습이 전시되어 있다.

또 각 인생 의례 사이사이에 놀이 모습과 악기 · 문방구류 · 화폐 · 민화 그리고 주막 · 굿청 · 교통 및 운반과 관련된 봉수대 · 조운선 등도 모형으로 전시하고 있다.

박물관 중앙홀에는 한국의 건축문화 5천년의 정수를 살펴볼 수 있는 아름다운 건축모형이 전시되어 있다. 이곳에서는 신라의 안압지, 황룡사 9층탑, 백제의 궁궐, 미륵사, 고려의 다방, 조선의 근정전, 동십자각, 사랑방 등을 정교한 모형을 통해 실감나게 감상할 수 있다.

국립민속박물관

(2) **국립중앙박물관**(國立中央博物館, National Museum)

1909년에 국립중앙박물관은 창경궁에서 설립되었다. 우리나라의 역사와 문화예술을 한 곳에서 조감할 수 있는 곳이다. 현재의 용산박물관은 2005년 10월에 신축하여 경복궁터에서 이전해 왔다. 용산국립중앙박물관은 약 30만m² 대지에 연면적 14만m²(지하1, 지상6층)의 현대식 건물이다. '동양의 루브르 박물관'에 비유될 위용을 자랑한다. 1945년에는 5만점을 소장하였으나 2005년에는 지방국립박물관을 포함하여 약 20여만점을 보유하고 그 중 약 1만1천점이 용산국립박물관에서 전시되고 있다. 따라서 약 10시간 정도의 관람시간이 필요하다. 특별히 놓칠 수 없는 곳은 '명품'전시관이다.

반가사유상, 경천사지 10층석탑 등 국보급이 모여 있다. 1층 고고관부터 2

~3층 미술관까지 1백점을 선정하여 교과서에서 실린 각종 문화재들을 한 동선으로 볼 수 있다.

박물관의 전시는 상설 · 특별 · 야외전시로 구성되며 상설전시시설은 고고관, 역사관, 미술관Ⅰ · Ⅱ, 기증관, 아시아관으로 구분된다. 어린이를 위한 어린이 박물관과 관람코스가 마련되어 있다.

국립중앙박물관

(3) 전쟁기념관(戰爭記念館, War Memorial)

전쟁기념관은 전쟁과 역사의 교훈을 되새긴다는 취지로 옛 육군본부 자리에 마련되었다. 전시공간은 실내전시실과 옥외전시장으로 구성되어 있고 전시자료는 약 13,600여 점에 이른다.

호국추모실, 전쟁역사실, 한국전쟁실 등 6개의 실내전시실에는 삼국시대부터 최근까지의 전쟁과 군사에 관한 자료들을 실증적이고 역동적으로 전시하고 있다.

호국선열의 정신과 위업을 추모하는 전당으로서 호국추모실은 민족의 시련과 극복을 주제로 한 조형물, 부조, 벽화가 전시되어 있다.

선사시대부터 일제 강점기까지 우리 조상들의 대외 항쟁사와 군사문물, 호국선영들의 위업 등에 관한 자료가 전시되고 있는 전쟁역사실에는 주요 승전 전투상황의 기록과 거북선과 조선시대의 병기병선, 성곽, 봉수대 등이 있다. 한국 전쟁실에는 한국전쟁의 발발 배경 및 경과 그리고 휴전 성립까지의 전 과정과 전쟁의 총체적인 실상이 전시되어 있다.

해외파병실에는 월남전의 성격, 파월의 의의 및 한국군의 활동상, 베트콩의 전술 등이 전시되어 있다. 국군 발전실에는 육 · 해 · 공군 및 해병대의 창군부터 오늘날까지의 발전과정이 전시되어 있다.

대형 장비실은 6 · 25전쟁 발발 직후 남북한이 보유하였던 무기와 세계 각국의 제2차 세계대전부터 최근에 사용하였던 항공기, 전차, 장갑차, 대포, 군용차량 등이 전시되어 있다. 옥외전시장에는 형제의 상, 광개토대왕비 모형과 T-6 연습기, 북한군의 T-34 전차, 미군의 B-52 전략폭격기 등 110여 점의 대형 무기가 전시되어 있으며 기타 시설로는 전우회관, 수장고 등이 있다. 또한 매일 오전 중에 국군 의장대 사열이 있다.

용산 전쟁기념관

⑷ 국립공주박물관(國立公州博物館, National Kongju Museum)

국립공주박물관은 지난 1971년 충남 송산리 고분 침수방지 공사중 출토된 무령왕릉의 출품 문화재를 고스란히 옮겨 놓은 박물관이다.

1, 2층 전시실에는 무령왕릉 유물 108종 2906점을 중심으로 약 8천여 점을 전시하여 공주지역에서 문화 · 역사 · 교육의 중심 구실을 하고 있다.

박물관 안에는 무령왕릉에서 출토된 유물들이 가운데 자리를 차지하고 있으나, 그밖에도 금동관음보살입상, 계유명삼존천불비상 등 백제 때 불상들과 백제 특유의 온화한 맛이 도는 토기류, 부드러운 연꽃잎이 새겨진 와당 등이 웅진시대 백제문화의 맛을 느끼게 해준다.

박물관 뜰에는 공주 부근에서 출토된 통일신라 때와 고려 때의 석불들이 놓여져 있는데, 지방화한 소박한 표정이 절로 미소를 짓게 하고 어딘가 백제다운 기풍을 풍기는 것도 있다.

뜰 앞쪽에는 조선시대의 것으로 보이는 비 받침인 거북상들이 있는데, 표정이 아주 해학적이다. 또 반죽동 석조와 중동 석조가 마주보고 있으며 한쪽에는 묘제도 복원해 놓아 아기자기한 분위기를 풍긴다.

국립공주박물관

(5) 국립부여박물관(國立扶餘博物館, National Puyo Museum)

국립부여박물관에는 국보 제83호인 금동미륵반가사유상과 부여 규암리에서 출토된 금동관음보살상(보물 제195호)이 있다.

국립부여박물관은 상설전시실과 야외전시실, 기획전시실로 구성되어 있는데, 상설전시실에는 선사실, 역사실, 불교미술실 등이 있으며, 야외전시실에는 주로 백제의 유물을 중심으로 1천여점이 넘는 유물을 전시하고 있다. 또 기획전시실을 두어 특별기획전을 열기도 한다.

선사실에는 부여지방을 중심으로 충청남도에서 출토된 청동기시대와 철기시대 유물들이 전시되어 있으며, 부여 송산리 선사 취락지의 발굴결과를 토대로 청동기시대의 마을 모형을 꾸며 놓아 입체적인 이해를 돕고 있다.

전시유물은 부여 송산리 청동기시대 마을과 무덤에서 출토된 유물, 대전 둔산동 집터에서 발굴된 유물, 대전 괴정동에서 출토된 덧띠토기와 검은 간토기 등의 토기류, 예산 동서리에서 출토된 청동제기 등 청동무기와 제기, 토기 등이 대표적인 것으로 선사시대 충남지역 사람들의 생활상을 엿볼 수 있다.

역사실에는 부여도읍시대인 사비시대의 백제의 유물을 중심으로 전시되어 있고 원삼국시대 유물이 곁들여져 있다. 금성산 기슭에서 발견된 벼루며 서천에서 출토된 손잡이 잔 등 섬세하고 유연한 선을 보이면서도 용도에 따라 매우 분화된 모습을 보여주는 백제 토기들이 있는가 하면, 능산리 무덤에서 발견된 금동제 관장식, 금귀고리 등의 금속공예품들, 부소산 근처 왕궁터에서 발견된 사람의 얼굴 무늬가 새겨진 토기 조각들도 전시되어 있다.

불교미술실에는 사비시대 백제의 불교 미술품들이 전시되어 있는데, 이는 현재 남아 있는 백제의 불교문화를 통틀어 보여주는 것이라고 해도 지나치지 않다.

특히 금동미륵반가사유상(국보 제83호)과 부여 규암리에서 출토된 금동관음보살상(보물 제195호)과 부여 외리 절터에서 발견된 무늬전돌들이 전시되어 있어 이 박물관의 중심 전시실 역할을 톡톡히 하고 있다.

야외에 있는 조각들도 볼 만한 것으로 앞뜰에는 보령 성주사터에서 가져온 성주사 비머리와 백제를 멸망시킨 당나라 장수 유인원을 기린다고 신라 문무왕 3년(663)에 세운 당 유인원 기비 등의 비석들이 비각 안에 있고 석조불입상, 고려 때의 오층석탑들도 있다.

박물관 구조가 우리나라 전통 건축의 중정(中庭, 가운데 뜰)을 도입하여 전시실을 설치하였으므로 전시실에서 전시실로 옮아갈 때 이 가운데 뜰을 보게 되는데 거기에 부여 석조가 놓여 있다.

뒤뜰에도 석불상과 문인석들이 많이 있는데, 불교 미술실 옆의 휴게실에서 뒤뜰로 통하는 유리문을 열고 나가면 고려 때 만들어진 충청도지역의 귀엽게 웃는 보살상도 만날 수 있다.

백제 금동로대향로는 부여군 능산리고분에서 출토된 6세기 공예품으로 높이 64cm, 지름 19cm의 세계적인 걸작품(국보 제287호)이다.

국립부여박물관

백제 금동로대향로

(6) 국립경주박물관(國立慶州博物館, National Kyungju Museum)

국립경주박물관은 에밀레전설을 간직한 에밀레종과 신라금관을 마주할 수 있는 곳이다. 국립경주박물관은 하나의 거대한 박물관인 경주를 밀도있게 압축해 놓은 곳으로 안압지, 황룡사터 등의 주변 신라유적지와 함께 신라 천년의 역사를 말해 주고 있다.

건축가 김수근씨가 설계하고 1975년에 완공한 국립경주박물관은 건물 전체가 초승달 옆에 빛나는 작은 별 모양을 하고 있다. 경주와 주변지역에서 수집한 8만여 점의 유물을 보유하고 있으며, 그 중에서 2500여점의 유물을 상설 전시하고 있다.

본관에는 선사시대부터 원삼국시대까지의 유물을 전시한 선사 원삼국실, 신라와 통일신라시대의 불교조각과 금속공예품 등을 전시한 불교미술실, 이양선 박사가 기증한 문화재를 전시하고 있는 이양선 기증 유물전시실 등이 있다.

선사 원삼국실 입구에는 울주 대고리 반구대의 너비 8m, 높이 2m의 암벽에 새겨진 암각화 탁본이 전시되어 있다. 이 그림에는 고래, 호랑이, 개, 사슴, 돼지같은 짐승과 생식기가 표현된 남자, 배, 사냥하는 모습들도 보인다. 선사 원삼국실의 전시중 대표적인 것으로는 경북지방에서 출토된 토기와 석기(신석기문화), 구정동에서 출토된 무기와 의식용 도구, 경주 입실리에서 출토된 무기와 장신구, 대구 평리동의 유물(초기 철기문화), 조양동 제38호 무덤에서 발굴된 유적(원삼국시대 문화) 등을 꼽을 수 있다.

불교미술실에는 1976년부터 1983년까지 8년 동안 황룡사터 발굴조사를 통해 출토된 유물과 황룡사 복원모형(1/60 축소), 사리장치 등의 금속공예, 불상(삼화령 애기부처, 백률사 금동약사여래입상), 십이지상(김유신 묘에서 출토된 납석제 십이지상) 등의 조각품과 이차돈 순교비, 그리고 삼산신성비 비석같은 금석문 자료가 전시되어 있다.

이양선 기증 유물실에는 의사였던 이양선씨가 30년간 개인적으로 모아 온 수집품 666점이 있는데, 대표적인 것으로는 기마형 인물토기, 오리형 토기가 있다.

제1별관은 신라 고분에서 출토된 유물을 한 자리에 모은 곳으로 일제시대 발굴된 금관총, 서봉총을 비롯하여 1970년대에 조사된 계림로 고분, 미추왕릉지구고분, 천마총, 황남대총, 그리고 최근에 조사된 정래동 고분, 월성로 고분, 용강동 고분, 황성동 고분 등에서 출토된 유물들이 일괄 전시되어 있다.

제2별관은 안압지관으로 안압지에서 나온 3만여점의 유물 가운데 대표적인 유물을 선정하여 전시하고 있다. 이들 유물은 궁궐에서 쓰던 실생활 용품들로 당시의 궁중생활을 짐작하게 하는 귀중한 것들이다.

국립경주박물관

금관총 금제 허리띠

전시실 안에 담겨 있는 유물 외에도 소중한 문화유산이 경주박물관 곳곳에 숨어 있는데, 그중 가장 눈에 띄는 것이 박물관 정문 오른쪽 뜰에 자리잡은 성덕대왕 신종이다.

이 종은 신라의 종 가운데 아니, 세계에서 가장 우수한 동종(銅鐘)으로 인정받고 있으며, '에밀레, 에밀레'하고 운다 하여 에밀레종이라는 이름이 붙여져 있다.

이밖에도 고선사터 석탑, 장항리에서 옮겨 온 석조여래입상을 비롯한 많은 불상과 석탑, 석조, 석등, 비석받침을 비롯한 각종 석조유물들이 뜰에 늘어서 있어 또 하나의 박물관을 이루고 있다.

또 박물관 입구에 늘어서 있는 파괴된 불상들은 독특한 매력을 발산한다. 이 불상들은 경주 근처 계곡이나 하천에서 모아 온 불상들로 목이 잘리거나 몸통이 날아가는 등 형태가 온전치 못한 것이 대부분이다.

(7) 독립기념관(獨立記念館, Independence Hall)

우리 민족의 국난 극복사와 국가발전사에 관한 자료를 전시하고 있다.

옥외 전시는 상징성 · 기념성을 띤 조각 · 애국시비 · 어록비 등으로 구성되어 있으며, 7개의 상설전시관에는 역사적 사실에 바탕을 둔 실증적 전시가 시대별 · 주제별로 이루어지고 있다.

제1전시관인 민족전통관에는 전통시대의 우리의 역사 · 문화 · 국난 극복사를 개괄적으로 보여주고 있으며, 제2전시관인 근대민족운동관에는 1860년부터 국권상실 이전까지의 근대민족운동, 애국계몽운동, 의병전쟁에 관한 자료가 있다.

제3전시관인 일제침략관은 일본인들에 의해 저질러진 고문장면 재현, 명성황후 시해 현장 재현, 민족문화 말살 등 일제침략사가, 제4전시관인 3 · 1운동관에는 일본인들의 탄압에 항거하여 한민족의 정기를 되찾기 위해 힘을 모았던 1919년 3월 1일을 중심으로 한 3 · 1운동에 대한 내용이 전시되어 있고, 제5

전시관은 독립전쟁관으로 만주, 연해주를 중심으로 한 독립군을 비롯하여 의열투쟁, 사회 · 학생 · 문화운동에 대해 전시되고 있고, 제6전시관은 임시정부관으로 재외동포와 상해에 세워졌던 대한민국 임시정부, 광복군의 자주적인 활약상에 대한 내용이 전시되어 있다.

그리고 제7전시관인 대한민국관에는 1945년 한국의 광복 이후 지금까지의 민족 시련과 극복, 국가 발전관계 자료들과 광복 이후 통일의 의지 및 미래상을 담고 있다.

이밖에도 원형극장에서는 원형영상기법과 최신음향시설을 사용하여 아름다운 한국의 강산, 자랑스런 문화유산, 고유 민속놀이와 전통놀이, 조국의 발전상 등을 소개하는 '사랑하는 나의 조국'이란 주제의 영상이 15분간 방영된다.

(8) 국립광주박물관(國立光州博物館, National Kwangju Museum)

국립광주박물관(國立光州博物館)은 광주지역을 중심으로 한 호남문화의 유물과 신안 해저유물이 담겨 있는 곳으로, 널따란 야외 전시장이 독특한 아름다움을 자아낸다.

이 박물관은 고려청자, 조선백자, 분청사기 등을 풍부하게 소장하고 있으며, 신안 앞바다에서 발굴한 해저유물과 지방의 향토유물이 대거 전시되어 있다.

또한 한국화의 본향답게 이 지역회화의 전통을 보여주는 회화실도 갖추고 있어, 윤두서를 비롯하여 한국화의 기둥인 소치 허련, 의제 허백련 등의 그림이 소장되어 있다.

1층 신안해저발굴 도자기실에는 신안 앞바다에서 인양한 유물들이 가득 차 있다. 대부분이 중국 도자기들로 14세기 원나라 때에 만들어진 청자화분, 청자화로, 청자대접, 백자잔 등이 전시되어 있다.

2층에는 선사시대 · 백제 · 통일신라 · 고려시대실, 고려 · 조선의 도자기실, 회화실 등이 있으며, 전남 신안군 대흑산도 신석기시대 유물, 전남 화순군 도곡면 대곡리 청동기시대 유물, 전남 나주시 백제시대 유물, 금속공예품, 고려자기, 조선자기, 조선시대 회화 등이 풍부하게 전시되어 있다.

이 광주박물관이 있는 광주광역시 중외공원 문화벨트에서는 1995년 제1회 광주비엔날레를 개최하여 그 후 매 2년마다 국제적인 예술행사를 펼치고 있다.

(9) 국립해양유물전시관(國立海洋遺物展示館, National Maritime Museum)

푸른 남해를 배경으로 세워진 이 박물관은 한국의 오랜 해양역사의 흔적을 밝히고 보존 · 전시하는 곳으로, 배와 바다 그리고 역사의 모든 것을 담고 있는 종합전시관이다.

이 박물관은 완도선실, 신안선실, 해양유물실, 선박사실과 기획전시실 등 5개의 전시실로 구성되어 있으며, 해양 발굴을 통해 인양된 옛 선박과 유물, 해양관련 자료들을 총망라하는 최초의 공간으로 자리매김하고 있다.

완도선실은 완도의 해저유물이 전시되어 있는 곳으로, 완도 해저유물은 전라남도 완도군 앞바다에서 키조개 채취작업을 하던 어부가 청자 4점을 인양해 신고한 것이 계기가 되어, 지난 1983년 겨울과 1984년 3월~5월에 발굴한 것이다. 발굴된 유물은 고려시대의 목선 1척과 도자기를 비롯해 고려청자 3만여점, 잡유물 26점, 토제유물 2점, 철제유물 18점, 목제유물 9점, 석제유물 1점 그리고 선체 조각 81점 등 총 3만 701점이 인양되었다.

이를 근거로 배의 규모를 추정하여 복원한 결과 완도선은 선장 9m, 선폭 3.5m, 배깊이 1.7m, 적재 중량이 10톤으로 밝혀졌다.

도자기들은 조잡한 초벌구이 도자기 표면에 녹청색, 녹갈색의 거친 유약을 얇게 바른 질 낮은 청자로 대접, 접시가 대부분인데, 특히 이 도자기들은 그동안 발견된 고려 도자기들이 강진과 부안을 중심으로 제작된 특수 용도의 양질 청자인데 비하여 생활도자기라는 점에서 주목된다. 또 이들 유물은 그 제작지가 전남 해남군 진산리 녹청자 가마터로 밝혀져 발굴 유물의 성격을 파악하는데 도움이 되었다.

신안선실에는 지난 1976년 10월부터 1984년 9월까지 총 10차례에 걸쳐 진행된 신안해저 발굴조사에서 건져 올린 다양한 유물들이 전시되어 있다.

조사결과 신안선 선체의 길이는 28.4m, 폭은 6.6m로 밝혀졌으며, 갑판 이상은 해충에 전부 침식되었다. 인양된 선체 조각은 445편으로 그 당시의 무역선을 복원할 수 있는 자료가 된다.

인양된 유물은 총 2만 2007점으로 도자기 · 토기류가 2만 661점, 금속제품 729점, 돌제품 43점, 기타 574점, 이 밖에 동전이 약 28톤이고 자단목(紫檀木)이 1017점이다.

신안침몰선은 일본으로 가던 중국의 무역선으로 추정되는데, 신안유물은 중국 원(元)대의 14세기 전반을 중심으로 한 유물이라는 점에서 학술적 가치가 매우 크다.

특히 대량으로 출토된 도자기는 세계 수중 고고학에서 유래가 없는 것으로, 편년과 생산지 등을 밝힐 수 있다는 점에서 매우 중요하다. 또한 침몰선은 당시의 조선술을 알아 볼 수 있는 귀중한 자료이다.

해양유물실은 한국 인근해에서 발굴되었거나 우연히 수습 · 인양된 유물을 전시한 곳이다. 한국은 지리적 환경으로 인해 고대로 거슬러 올라갈수록 바다가 중요한 교통로이자 문화의 교류로로 사용되었다는 것을 알 수 있다. 도서지방에 분포되어 있는 신석기시대의 조개무지나 청동기시대의 고인돌, 그리고 원삼국시대의 조개무지 등은 당시 해상을 통한 문화교류를 추정케 하는 유적이며, 해양에서 발굴된 유물은 당시의 실생활 용품이 주류를 이룬다. 이밖에 전쟁무기들이 많이 발견되며, 이는 당시의 문화사를 복원하는 데 결정적인 자료가 되고 있다.

선박사실에서는 원시적인 뗏목, 통나무배 등을 비롯해 고려시대 누선, 과선 등의 군선, 조선시대 전투 전용 군선인 판옥선과 거북선, 곡식을 실어 나른 조운선, 어염상선 등을 볼 수 있다.

청동기시대 유적으로 알려진 경남 울주 반구대 암각화 탁본에는 여러 사람이 배를 타고 고래를 잡는 모습이 있어 당시의 어로활동을 엿볼 수 있게 하며, 삼국시대 선박의 모습은 경주 안압지에서 출토된 통나무배, 가야시대의 평저

주형 토기 등을 통해 그 구조를 엿볼 수 있다.

고려시대 배의 형태는 완도 앞바다에서 인양한 배에서 찾아볼 수 있으며, 조선시대에는 전투 전용 군선과 장삿배, 고깃배 등이 고루 발전하였다.

⑽ 제주민속자연사박물관(民俗自然史博物館, Folk & Natural History Museum)

지역여행은 그 지방의 박물관, 특히 민속박물관을 맨 처음 보고 출발하는 것이 여행의 순서이다. 제주도를 제대로 보려면 우선 이곳 박물관에서 제주의 역사와 자연을 음미하고 떠나자. 이렇게 시작한 여행은 더욱 값지고 많은 것을 배울 수 있어 즐거울 것이다.

제주의 독특한 유물과 동·식물에 관한 자료를 총 667평의 전시실에 질서있게 전시하고 있는데, 전시실은 자연사전시실, 민속전시실, 특별전시실, 시청각실 등으로 구분되어 있다.

자연사전시실에는 각종 암석과 지질의 분포, 그리고 해양생태계를 일목요연하게 식별할 수 있도록 전시되어 있다.

제주민속사박물관

출처 : 관광지식정보시스템

한편, 민속전시실에는 옛 제주인의 일생, 무속신앙 등과 떼배, 제주의 전통 초가집을 재현해 놓았다. 그리고 2층 민속전시실에는 갈중이, 갈적삼 등 이 고장 고유의 작업복과 향토음식, 각종 농기구, 해녀가 사용하던 도구 등을 전시하고 있다. 그 외에도 연자방아, 물허벅, 돌하르방, 장문석 등이 전시되어 있다.

한편, 특별전시실에서는 각종 기획 작품을 순환, 전시하고 있다

⑾ 대전 국립중앙과학관(National Science Museum)

국립중앙과학관은 대전 대덕연구단지에 있으며 과학적 가치가 있는 자료, 표본 등을 조사 · 발굴 · 수집 · 보존 · 연구하여 전시함으로써 과학문화공간을 제공한다.

상설전시관, 특별전시관, 천체관, 영화관, 연구관리동, 실험실습실, 세미나실 등의 시설을 갖추어 자라나는 청소년들에게 과학에 대한 지식을 심어주고 있다. 그리고 일반인들에게는 과학정신을 배양하고, 과학의 생활화와 대중화를 위한 과학기술문화의 종합적인 박물관이다.

주요 전시내용으로는 우리나라의 동 · 식물, 지질, 과학기술사, 우주와 자연의 이해, 에너지이용, 교통과 수송, 기계정보 등 다양한 과학정보를 가지고 있다.

대전 국립중앙과학관

⑿ 철도박물관(鐵道博物館, Railroad Museum)

경기도 의왕시 부곡에 위치하는 한국의 철도역사 100년을 한눈에 볼 수 있는 전문박물관이다.

전시관 1층에는 모형철도 파노라마실과 역사실이 있고, 2층에는 시청각실과 각종 기자재 전시실이 꽤 넓은 규모로 자리하고 있으며, 옥외 차량전시장에는 각종 열차가 진열되어 있고 300m 가량의 협궤선 열차도 운행되고 있다.

1층 전시실에는 철도창설 이후 현재에 이르기까지의 발자취를 더듬어 볼 수 있는 여러 가지 유물들이 진열되어 있는데, 철도개통 연대표, 열차운행 속도 변천과정, 철도창설에 공헌한 인물들의 초상화 등이 있다.

세계적인 기관차의 역사를 보는 역사실에서는 경인선 개통 당시의 모갈탱크 기관차와 목재객차, 세계 최초 운행의 페니타렌호 증기기관차 그리고 경부선 운행의 턴힐형 증기기관차 모형도 볼 수 있다.

역사실에서 나와 전시관 중앙에 이르면 미카 3-219호 증기기관차를 2분의 1로 축소·제작해 놓은 것을 볼 수 있는데, 이 증기기관차는 사람이 접근하면 기적소리가 울리도록 접촉음향장치 시설을 갖추고 있어 관람객들에게 증기기관차에 대한 관심을 기울이게 한다.

이 미카 3-219호 기관차는 6·25전쟁 때 적의 치하에 들어간 대전지구에서 미처 철수를 못했던 미 제24사단장 윌리암 F. 딘 소장을 구출하기 위해 미 특공결사대 33명을 태우고 적지인 대전까지 김재현 기관사가 몰고 들어갔던 기관차이다. 이후 김재현 기관사는 6·25전쟁 참전 철도인으로 국립묘지에 안장되었다.

1층 전시실에서의 특이한 유물이라면 서울역 그릴 별실에서 쓰던 원탁인데, 이 표면은 상평통보 3천 개를 넣어 만든 것으로 3천만 민족을 상징한다고 한다.

모형철도 파노라마실에는 서울의 중심 건물들을 배경으로 하는 한강과 터널을 통해 달리는 환상열차 20여 개가 모세혈관처럼 이어져 있다.

2층 전시실은 과학기술관으로 전기, 통신, 신호기, 승차권을 인쇄하던 인쇄기, 절단기, 채송함, 기념승차권, 관광기념 스탬프, 기념우표, 열차운행표, 일부기 등과 승무원들의 휴대품이 전시되어 있다.

또한 현재 세계 최고속 열차로 일컬어지고 있는 프랑스 TGV열차의 대형 사진을 비롯해 미국, 프랑스, 독일, 스위스, 일본 등의 초고속 열차의 모형을 진열해 놓아 세계 각국의 열차와 한국의 열차에 대한 차이점 등을 비교해 볼 수 있도록 되어 있다.

증기기관차 미카

1, 2층을 두루 둘러보고 옥외로 나가면 서부영화에서나 볼 수 있는 대형 기차가 버티고 있으며 증기기관차에서부터 현재 운행되고 있는 통일호, 비둘기호가 레일 위에 올려져 있다. '움직이는 청와대'라고 불리는 박정희 대통령 전용의 귀빈객차와 붉은 색을 띠고 있는 이승만 대통령의 전용차도 위용을 과시하고 있다.

6. 유네스코 세계문화유산

세계문화유산이란 세계유산협약에 따라 세계유산위원회 협약 문화유산 중에서 인류 전체를 위해 보호되어야 할 보편적 가치가 현저하게 있다고 인정하여 유네스코 세계유산일람표에 등록한 문화재를 말한다. 원래 세계문화유산위원회가 등록하는 세계유산에는 자연적 소산물을 대상으로 하는 자연유산과 인간작업의 소산물을 대상으로 하는 문화유산, 인간과 자연의 소산물을 대상으로 하는 복합유산 등 3가지가 있다.

이 중 문화유산에는 역사적 · 과학적 · 예술적 관점에서 세계적 가치를 지니는 기념물, 건조물군, 유적지 등이 포함되어 있다.

2015년 7월 현재 세계유산협약 가입국은 191개국이다. 세계유산은 전 세계 163개국에 분포되어 있으며, 총 1,031점(2015년 7월 기준) 가운데 문화유산이 802점, 자연유산 197점, 복합유산이 32점이다. 한편 위험에 처한 세계유산목록에는 총 48점(2015년 7월 기준)이 등재되어 있다.

우리나라의 세계유산은 해인사 장경판전(1995년), 종묘(1995년), 석굴암 · 불국사(1995년), 창덕궁(1997년), 수원화성(1997년), 고창 · 화순 · 강화 고인돌 유적(2000년), 경주역사유적지구(2000년), 제주 화산섬과 용암동굴(2007년), 조선왕릉(2009년), 역사마을 : 하회와 양동(2010년), 남한산성(2014년), 백제역사유적지구(2015년)로 총 12점이 있다.

또한 2004년 6월 중국 소주에서 열린 제28차 세계유산위원회에서는 북한의 고구려분군이 등재되어 주목을 받기도 하였다.

세계유산등록은 해당국가의 소유권이나 그 문화재에 대한 통제에 영향을 주지 않으며 소유권은 지정 이전과 마찬가지로 그대로 유지되고 국내법의 적용도 여전히 유효하다. 즉 세계유산에 등록된 유산의 소유권이나 통제, 대외적인 권한이 국제기구에 넘어가는 것은 아니다.

세계유산협약 제5조 규정을 보면 다음과 같다.

① 협약에 가입한 국가들은 자국 영내의 문화유산 및 자연유산의 보호 및 정비활동을 위해 자국의 적합한 조건에 따라 다음과 같은 노력을 기울여야 한다.

② 문화 및 자연유산이 지역사회의 삶에 어떤 역할을 수행할 수 있도록 하고 이 유산의 보호를 종합적인 계획 속에 포함시키기 위한 목적을 갖는 일반적 정책을 채택한다.

③ 문화 및 자연유산의 보호, 보존 및 정비활동을 위한 기관이 설치되어 있지 않은 경우, 적절한 지원체제를 갖고 특히 임무수행에 필요한 수단을 갖는 기관을 하나 또는 둘 이상 자국의 영역 내에 설치한다.

④ 자국의 문화 또는 자연의 유산을 위협하는 위험에 대처하기 위한 과학적 · 기술적 연구를 한다.

⑤ 문화 및 자연유산의 인정, 보호, 보전, 정비활동 및 기능회복에 필요한 법적 · 과학적 · 기술적 · 재정적 조치를 강구한다.

⑥ 문화 및 자연유산의 보호, 보존 및 정비활용에 있어서 전국적 또는 지역적 연수 기구의 설치 또는 확충을 촉진하고 이 분야에 대한 과학적 연구를 장려한다.

우리나라가 1988년에 가입한 '세계유산협약'은 1995년 발효되었으며 현재 가입국은 140여 개국이다. 동 협약은 세계 각국에 소재한 유산 중 현저한 보편적 가치를 가지는 문화 및 자연의 유산을 자연적 · 인위적 파괴와 손상으로부터 인류공동으로 보호하기 위하여 1972년 11월 16일 유네스코 제17차 총회에서 '세계문화 및 자연유산의 보호에 관한 협약'을 채택하게 되었으며, 이 협약에 의해 유산보호에 대한 국가 간 협력을 증진시키는 계기가 마련되었다.

1) 우리나라의 세계문화유산

(1) 불국사와 석굴암(1995년)

세계문화유산 지정(1995년)과 한국의 사적(史蹟) 및 경승(景勝) 제1호로 지정되었다. 신라인이 불교의 천국인 불국(佛國)을 건설하겠다는 이상과 의지로 세운 절이 바로 불국사이다.

불국사의 창건에 대해서는 여러 가지 이야기가 많은데, '삼국유사'에는 경덕왕 10년(751년)에 김대성이 불국사를 창건했다는 기록이 실려 있고, '불국사고금창기'에는 법흥왕 15년(528년)에 지어져 문무왕 10년(670년)에 의상의 제자 표훈이 머물렀다는 기록이 보인다.

경내는 크게 세 영역으로 나누는데, 대웅전과 극락전 및 비로전이 각각 중심건물이 된다. 각 영역은 영역에 이르기 위한 계단, 영역 입구인 문, 영역의 중심건물, 영역을 둘러싼 회랑 등의 네 가지 기본요소로 이루어진다.

또 대웅전 앞마당에는 석등과 석가탑(석가여래常住說法塔 국보 제21호), 다보탑(다보여래常住證明塔 국보 제20호)이 있어 석가모니가 설법을 하면 다보여래가 증명을 한다는 구도이다.

특히 불국사 축대의 자연과 인공의 조화는 인공적인 특성에 자연스러움을 끼워 넣은 멋을 보여준다. 또한 석축 중간에 다리(연화 · 칠보교, 청운 · 백운교)를 내고, 하늘로 날아오를 듯한 석축에 변화를 주었다.

극락전 안에는 금동아미타여래좌상(국보 제27호)이 결가부좌를 하고 있다. 이 불상은 국립 경주박물관에 있는 백률사의 약사여래상과 함께 신라시대 금동불상 중 가장 크고 훌륭한 것이다. 8세기 중엽의 작품이다.

석굴암은 1995년에 불국사와 함께 세계문화유산으로 등록되었다.

국보 중에서도 으뜸으로 꼽히는 문화재로서 석굴암은 통일신라의 문화와 과학의 힘, 종교적 열정의 결정체이다.

불국사 가까이에 있는 석굴암은 불국사와 함께 김대성에 의해 창건되었다고 전해지는데, 그는 전생의 부모를 위해 석불사 곧 석굴암을 창건하고 현생의 부모를 위해서는 불국사를 세웠다고 한다. 석굴암은 경덕왕 10년(751)에 착공하였으며 김대성이 죽은 뒤에는 나라에서 공사를 맡아 완성시켰다.

불국사 경내

대웅전과 석가탑, 다보탑

주실에는 본존불과 더불어 보살과 제자상이 있고 앞방에는 인왕상과 사천왕상 등이 부조되어 있다. 석굴사원이긴 하지만 사찰 건축이 갖는 격식을 상징적으로 다 갖추어 하나의 불교세계를 이루었다.

십대 제자상은 여러 차례의 보수과정에서 순서가 바뀌었을지도 모를 일이며, 10명의 제자가 각기 맡은 바 설법, 수도, 불사 등을 행하고 있는 모습으로 조각에 탄력과 긴장감이 엿보인다.

(2) 종묘와 종묘제례악(1995년)

창덕궁, 창경궁, 종묘는 동일 경내에 있으며, 종묘는 역대 조선임금의 신주를 모시는 사당이다. 매년 5월 첫째 일요일에 이곳에서 거행되는 종묘제례악은 무형문화재 제1호로서 조선왕가의 조상들에게 제를 올리는 의식이며 현재 세계문화유산으로 등록되어 있다.

정전에는 큰 공이 있는 임금의 위패를, 영년전에는 그 외의 임금 위패를 모시고 있다.

현재 종묘 경내에는 정전(正殿 : 국보 제227호), 영녕전(永寧殿 : 보물 제821호) 이외에 종묘제사 때 제기를 보관하는 전사청(典祀廳), 악사들이 제향할 때 대기하거나 연습했던 악공청(樂工廳), 조선 개국 이래 충신을 모신 공신당(功臣堂), 제사예물을 준비하던 향대청(香大廳), 제사를 관리하는 하급관리들의 처소인 수복방(守僕房) 등의 건물이 남아 있다. 이 중 종묘정전은 건축양식은 소박하지만, 우리나라 단일 건물로서는 가장 긴 건물이고 전면에 높은 월대(月臺)를 놓아 사묘 건축으로서의 품위와 장중함을 자랑하며 종묘건축을 대표한다.

종묘의 터는 중국 주(周)나라 이래 내려온 "왼쪽에 종묘(宗廟), 오른쪽에 사직(社稷), 앞에는 조정(朝庭), 뒤에는 시장(市場)을 둔다"는 원칙에 따라 그 터가 정해졌다. 즉 경복궁의 서쪽에는 사직단을 두고 동쪽에 종묘를 세웠다. 종묘는 신위를 모시는 신궁이므로 제왕이 거처하는 일반 궁궐과는 풍수설에 따라 다른 지형을 가지고 있다. 양택인 궁궐은 넓고 앞이 트여야 하고, 음택인 신궁은 현장이 꽉 짜여져 좁아야 명당이라는 것이다. 이런 관점에서 내백호(內白虎)와 내룡(內龍)의 산세가 정전과 영녕전을 아늑히 감싸고 있다.

조선시대의 나라 제사는 대사(大祀), 중사(中祀), 소사(小祀)로 나뉘는데, 종묘제례(중요유형문화재 제56호)는 사직과 더불어 대사에 속하고 임금이 친히 받드는 존엄한 길례(吉禮)였다. 종묘의 제사는 봄 · 여름 · 가을 · 겨울의 대제와 섣달제사를 더하여 모두 5향(五享)이었고, 영녕전에는 제향일(祭享日)을 따로 정해 봄 · 가을 2회로 제례를 지냈다. 그러나 광복 이후 한때 폐지되었다가 1971년 이후에는 전주 이씨 대동종약원(大同宗約院)에서 매년 5월 첫째 일요일에 종묘제례를 올리고 있다.

종묘제례악(중요무형문화제 제1호)

종묘제례악은 종묘에서 제사지낼 때 연주하는 음악이다. 여기 쓰이는 보태평(保太平)과 정대업(定大業)은 원래 세종이 연향(宴享)에 쓰도록 친히 지은 것을 세조 때 축약하여 세조 10년(1464년) 처음으로 종묘제례악으로 채택된 것이다. 종묘제례악은 역사적 · 예술적 가치도 매우 크려니와 한국 전통음악의 맥을 이어오는 유일한 고전으로 귀중한 문화유산이다.

(3) 합천 해인사 장경판전(1995년)

해인사(海印寺)는 세계의 문화유산(1995년)으로 지정된 팔만대장경이 보관된 국제적인 명찰이다.

해인사에 있는 팔만대장경(국보 제32호)은 고려 23대 고종 당시(1236~1251년)까지 16년간에 걸쳐 만들었는데, 글 자체가 마치 한 사람이 쓰고 새긴 것처럼 나타나고 있다.

불교의 모든 경전인 삼장(경장, 율장, 논장)의 통칭인 대장경에 포함된 법문이 8만 4천이므로 그 큰 수를 8만대장경이라고도 한다.

해인사 장격각과 팔만대장경

팔만대장경을 보관해 두는 장경각(국보 제52호)은 서고형식의 건물이다. 장경각은 태조 7년에 창건했으며 3차례의 중수를 거쳤다.

온도와 통풍, 방습이 자연적으로 조절되게 과학적으로 설계된 뛰어난 건물이다. 장경각은 임진왜란 때에도 병화를 모면했지만, 해인사의 수차례 크고 작은 화재에도 한 번도 화를 입지 않는 '삼재불입지처(三災不入之處)'의 성역으로 일컬어지고 있다. 또한 거미줄은 물론이고 새도 둥지를 틀지 않으며 그 위로 날지도 않는다고 전해 온다. 이곳에는 국보인 추사 친필의 '가야산 해인사중건상량문(伽倻山海印寺重建上梁文)'이 비장되어 있다.

⑷ 수원화성(1997년)

1997년에 세계문화유산으로 등록되었다.

수원성은 동서양을 망라하여 고도로 발달된 과학적 특징을 고루 갖춘 근대 초기 군사건축물의 뛰어난 모범이라 하여 세계문화유산위원회가 극찬하고 있다. 수원성은 조선 정조 18년~20년(1794~1796)에 축성한 것으로 정조대왕이 아버지 사도세자의 넋을 위로하고 양주 땅에 있던 부친의 유해를 옮겨오기 위하여 만든 성이다.

다산 정약용의 면밀한 설계를 기초로 벽돌과 석재를 적절히 혼합하여 사용하였으며, 지형적 여건을 잘 고려한 가장 근대적인 규모와 기능을 갖춘 화려한 모습을 보여준다.

또 화성만의 독특한 시설인 공심돈(空心墩)과 현안(懸眼) 등이 설치됨은 물론, 성곽시설의 기능이 가장 과학적이고 합리적이며 실용적인 구조로 되어 있는 동양성곽의 백미라 할 수 있으며, 18세기 실학사상의 결정체라고 할 수 있다.

48개의 시설물이 저마다의 고유한 아름다움을 지니고 있어 성곽 전체를 하나의 예술적 작품으로 보이게 하며, 화홍문(華虹門 : 사적 제3호)은 수문의 기능과 7간의 수문 위에 축조된 문루가 하나의 예술품으로 조화를 이루어 방화수류정(訪華隨柳亭 : 보물 제1709호)과 함께 한 폭의 그림을 연상케 한다.

수원성 전경

수원화성 화홍문

(5) 창덕궁 비원(1997년)

1997년에 수원의 화성(수원성)과 동시에 세계문화유산으로 등록되었다. 후원(後苑)인 비원(祕苑)으로 더 유명한 창덕궁(昌德宮)은 조선 제3대 왕인 태종 때 지어진 이후 여러 차례의 재앙을 입으면서도 비교적 원형을 잘 보존하고 있는 조선시대 궁궐이다.

특히 창덕궁의 후원인 비원은 각양각색의 정자와 수만 그루의 수목과 화초가 심어져 있는 대단히 아름다운 정원으로, 내·외국인에게 인기 높은 최고의 관광명소로 각광받고 있으며, 가장 한국적인 자연의 모습을 간직한 정원이라는 극찬을 받고 있다.

오늘날 창덕궁에 남아 있는 주요 전각 및 건조물로는 인정전, 돈화문(敦化門), 선정전, 대조전, 낙선재(樂善齋) 등이다.

인정전(仁政殿)은 경복궁의 근정전(勤政殿)과 같이 임금의 즉위식, 문무백관의 공식적인 도열이 있었는데, 현재의 건물은 1831년에 재건된 것이다.

창덕궁 인정전

대조전(大造殿)은 역대 임금과 왕비가 거처한 안방으로 근대 유럽의 값진 생활용품이 구비되어 있으며 임금의 침실이라 지붕에 용마루가 없는 건물이다.

낙선재(樂善齋)는 임금을 잃은 왕비들의 거소로 조선왕조 말기의 전형적인 저택이다.

비원은 조선시대의 자연주의 조원양식을 가장 잘 보존하고 있는 명원이다. 비원은 복잡한 기교의 중국의 정원이나, 인공미로 감싸여진 일본식 정원에 비하여 천연의 지형이나 풍치의 아름다움을 개방적으로 살린 자연미의 극치로 평가받고 있다.

(6) 경주역사유적지구(2000년)

2000년 12월에 유네스코 세계문화유산으로 등록되었다. 경주역사유적지구에는 신라의 천년 고도인 경주의 역사와 문화를 담고 있는 조각, 탑, 사지, 궁궐지, 왕릉, 산성을 비롯해 신라시대의 여러 뛰어난 불교유적과 생활유적이 집중적으로 분포되어 있다.

경주고분

경주시 전역에 흩어져 있는 신라시대의 역사유적들은 그 성격에 따라 5개 지구로 나뉘는데, 불교미술의 보고인 남산지구, 천년왕조의 궁궐터인 월성지구, 고분군 분포지역인 대능원지구, 신라 불교의 정수인 황룡사지구, 왕경 방어시설의 핵심인 산성지구로 나뉜다. 경주역사유적지구는 이들 5개 지구를 통틀어 일컫고 경주역사유적지구라는 이름으로 등재된 지정문화재의 수는 52개이다.

(7) 고창, 화순, 강화의 고인돌유적(2000년)

고인돌은 선사시대 돌무덤의 일종으로 영어로는 돌멘(Dolmen)이라고 한다. 고인돌은 거석기념물의 하나이며 피라미드, 오벨리스크, 스톤헨지 등이 모두 거석문화의 산물이다. 동북아시아 지역은 세계적 거석문화 유적이 가장 밀집된 곳으로 그 중 우리나라가 그 중심지역이다. 우리나라 고인돌은 선사시대 거석기념물로 무덤의 일종이며, 한 지역에 수백 기 이상의 고인돌이 집중 분포하고 있고, 형식의 다양성과 밀집도 면에서 세계적으로 유례를 찾기 어렵다. 고인돌의 종류는 탁자식, 개석식 등이 있는데, 우리나라에는 세 가지 종류의 고인돌이 모두 있는 것은 물론 크기도 매우 다양하다.

고인돌은 전국적으로는 약 30,000여기 정도가 남아 있는데 고창, 화순, 강화 세 지역에 나뉘어 분포하고 있다.

고창 고인돌 유적은 규모가 크고 다양한 형태로, 고인돌 박물관이 있는 죽림리를 중심으로 상갑리, 도산리, 봉덕리, 운곡 마을과 주변에 많은 고인돌 유적 단지가 조성되어 있고 덮개돌의 모양에 따라 다양한 형태의 고인돌 1550여기가 있고, 그중 유네스코 세계문화유산으로 등록되어 있는 고인돌은 447기이다.

화순 고인돌 유적은 고창의 것들처럼 지석강을 따라 야트막하게 이어진 언덕의 능선에 위치해 있다. 이 지역의 고인돌 하나하나는 고창보다 온전한 모습을 보여 준다. 효산리 고인돌은 158기, 대신리 고인돌은 129기다. 고인돌을 만든 돌이 어디서 채석되었는지 식별이 가능한 경우도 꽤 있다.

강화의 고인돌은 120여기 정도이고 다른 유적들보다 높은 지대에 있을 뿐만 아니라 보다 초기의 형태가 많다. 강화도의 대표적인 고인돌은 강화도 부근리에 있는 '강화 지석묘'로 알려져 있는 고인돌로 우리나라의 고인돌을 대표하는 크고 우람한 탁자식 고인돌이다.

고인돌은 선사시대 문화상을 파악할 수 있고 나아가 사회구조, 정치체계는 물론 동 시대 사람들의 정신세계를 엿볼 수 있다는 점에서 선사시대 연구의 중요한 자료가 되는 보존가치가 높은 유적이다. 고인돌 유적은 2000년 12월 세계문화유산으로 등재되었다.

(8) 제주 화산섬과 용암동굴(2007년)

2007년 6월 UNESCO의 세계자연유산으로 등재되었다. 세계적 규모의 천연동굴과 멸종위기종의 서식지가 분포하는 제주 화산섬과 용암동굴(Jeju Volcanic Island and Lava Tubes)은 거문오름용암동굴계, 성산일출봉 응회구, 한라산의 총 세 구역으로 구성되어 있다. 지질학적 특성과 발전과정 등 지구의 역사를 잘 보여주는 문화유산이다.

한라산은 해발 1,950m로 한반도에서는 백두산에 이어 두번째로 높으며 남한에서는 첫번째로 높고 웅장한 산이다. 약 120만년 전 바다 한 가운데서 땅이 솟아 올라 생성되기 시작했다.

한라산은 화산에 의한 지형적 특성을 지녀 크고 작은 분화구, 오름이 수없이 많이 이어지는 고사목과 구릉, 철쭉군락, 기암, 동굴, 계곡 등이 빼어난 경치를 이루고 있다.

한라산은 1970년 3월 국립공원으로 지정되었으며 산높이에 따라 수직으로 난대, 온대, 한대성 등 3기후대 동·식물이 서식하여 산 전체가 세계적으로 드문 각종 동·식물의 보고를 이루고 있다.

한라산

성산 일출봉

봄이 되면 구릉지에는 진달래와 철쭉이 피어 장관을 이루고, 여름이면 울창한 녹음으로 온 산이 온통 푸르다. 또한 가을이면 영실기암을 비롯한 온 산에

단풍이 물들며 겨울에는 수북하게 내린 눈이 쌓여 이른봄까지 설화(雪花)와 수빙(水氷)이 만발하여 국내 제일의 설경을 이룬다.

일출봉은 제주도 대륙 형성 이전에 바닷속에서 용암이 분출하여 생성되었는데, 제주의 동쪽 끄트머리에 우뚝 솟은 거대한 바위덩어리로서 정상에는 99개의 바위봉우리들이 마치 성처럼 분화구를 둘러싸고 있다. 동남, 북쪽의 외벽은 바닷물에 의해 빙벽(氷壁)같이 날카롭게 깎아 내린 절벽이고 서북 면만이 유연한 잔디능선으로 성산마을과 이어져 있다.

3만여 평의 푸른 초원, 깊이가 족히 100m는 됨직한 분화구 가장자리에는 오백나한의 전설과 그 수가 같다는 99개의 날이 선 기암들이 빙 둘러서 있어 마치 거대한 왕관을 연상케 한다.

(9) 조선 왕릉(2009년)

조선 왕릉은 519년 동안 지속된 한 왕조의 왕과 왕비의 무덤이 완벽하게 보존되어 있는 유적지이다. 조선 왕조의 임금과 왕비가 잠들어 있는 왕릉은 42기이고 옛 고려의 도읍지인 개성에 있는 2기는 북쪽에 있어 등록되지 못해 40기가 2009년 세계문화유산으로 등록되었다.

왕릉은 뛰어난 자연경관 속에 자리잡고 있으며 고유의 풍수이론에 따라 보통 앞으로는 물이 있고 뒤로는 언덕에 의해 보호되는 배산임수(背山臨水)의 터이며, 주변은 산들로 둘러싸인 이상적인 자리를 선택해 마련되었다. 왕릉에는 의례를 위한 장소와 출입문도 있다. 봉분뿐만 아니라 T자형의 목조 제실, 비각, 왕실 주방, 수호군(守護軍)의 집, 홍살문, 무덤지기인 보인(保人)의 집을 포함한 필수적인 부속 건물이 있다. 왕릉 주변은 다양한 인물과 동물을 조각한 석물로 장식되어 있는데, 이웃 나라에서 볼 수 없는 차별화 된 요소들로 이루어져 있다. 특히 문무석인의 조형이나 병풍석과 난간석은 조선왕조 조형예술에서 달성한 독특한 경지를 잘 보여준다.

⑽ 한국의 역사마을 : 하회와 양동(2010년)

경상북도 안동시 풍천면 하회리와 경상북도 경주시 강동면 양동리에 있는 민속마을로 2010년 유네스코 세계문화유산으로 등재되었다. 풍산 유씨의 씨족마을인 안동 하회마을(중요민속자료 제122호)과 경주 손씨와 여강 이씨의 토성마을인 경주 양동마을(중요민속자료 제189호)의 두 민속마을로 이루어져 우리나라의 전통 생활양식이 그대로 전승되고 있으며, 엄격한 유교 문화를 가장 잘 보여주고 있다.

안동 하회마을은 민속적 전통과 건축물을 잘 보존한 씨족마을로 류성룡 등 많은 역사적 인물들을 배출하였고, 임진왜란의 피해를 입지 않아 전래의 유습이 잘 보존되어 있다.

경주 양동마을은 한국 최대 규모의 대표적 조선시대 동성취락이자 유서 깊은 양반마을이다. 마을에는 종가와 양반들의 기거했던 목조 가옥, 정자와 정사, 서원과 사당, 옛 평민들이 살던 흙집과 초가집 등이 있다

⑾ 남한산성(2014년)

광주산맥 주맥에 쌓은 남한산성은 오늘날 광주시 남한산성면 산성리에 속한다. 서울의 중심부에서 동남쪽으로 25km 떨어진 곳에 위치해 있으며, 지형적으로 평균 고도 해발 480m 이상의 험준한 산세를 이용하여 방어력을 극대화한 곳이다.

북한산성과 더불어 서울을 남북으로 지키는 산성 중의 하나로, 신라 문무왕 때 쌓은 주장성의 옛터를 활용하여 1624년에 축성하였다.

남한산성은 "백제 온조왕 13년에 산성을 쌓고 남한산성이라 부른 것이 처음"이라고 고려사와 세종실록에 기록되어 있다. 그 후 신라 문무왕, 조선 선조와 광해군 재위 시 여러 차례 개축했고 후금의 위협이 본격적으로 고조되자 대대적으로 개수한 것이 오늘날의 남한산성이다.

남한산성은 석축으로 약 8㎞ 둘레를 쌓고 자연석을 써 큰 돌을 아래로 작은

돌을 위로 쌓았다. 동서남북에 각각 4개의 문과 문루, 8개의 암문(暗門)을 내었으며, 동서남북 4곳에 장대가 있었다. 성 안에는 수어청을 두고 관아와 창고, 행궁을 건립했다. 외적의 칩입으로 인한 피난 시에 거처할 행궁은 73칸, 하궐 154칸으로 모두 227칸을 이때 지었다. 80개의 우물, 45개의 샘을 만들고 광주읍의 치소도 산성 안으로 옮겼다. 내부가 15만 9,859평이나 되기 때문에 왕조의 피난처와 지방 행정중심지 역할을 동시에 수행했다.

남한산성은 1963년 사적 제57호로 지정되었으며 2014년에는 유네스코에 의해 세계문화유산으로 지정되었다.

⑿ 백제역사유적지구(2015년)

백제의 옛 수도였던 3개 도시(공주, 부여, 익산)에 남아있는 백제와 관련된 8곳의 역사 유적을 가리킨다. 이 지역의 유적들은 한국과 중국 및 일본의 고대 왕국들 간의 상호 교류를 통하여 이룩된 백제 왕국의 고유한 문화, 종교, 예술미를 보여준다. 2015년 한국의 12번째 세계유산(문화)으로 등재되었다. 지정된 면적은 135ha이며, 주변의 완충지역(buffer zone) 면적은 304ha이다. 지정된 면적은 웅진(공주의 옛 이름) 도읍 시기의 공주역사유적지구, 사비(부여의 옛 이름) 도읍 시기의 부여역사유적지구와 익산역사유적지구의 3개 지구로 구분된다.

2) 세계의 문화유산

세계유산은 그 자체가 세계적인 관광자원으로서 관광객의 주목적지가 될 수 있다. 다른 나라에서 세계문화유산으로 지정받은 몇 가지를 사례를 국가별로 살펴보면 다음과 같다.

(1) 자금성

자금성(紫禁城)은 베이징의 중심에 있는 명과 청 왕조의 궁궐이다. 자금성의 규모는 궁궐로는 세계 최대의 규모이다. 현재는 황실이 사라져서 중국어권에서는 주로 고궁으로 불리고 있으며, 1925년 10월 고궁 박물원으로 용도가 변경되어 일반에게 공개되고 있다. 동서로 760m, 남북으로 960m, 72만㎡의 넓이에 높이 11m, 사방 4km의 담과 800채의 건물과 일명 9999개의 방이 배치되어 있다.

1961년 전국중점문물보호단위로 지정되었고, 1987년 "명 · 청 시대의 궁궐"이라는 이름으로 유네스코의 세계유산으로 지정되었다.

자금성

(2) 만리장성

달에서도 관측되는 유일한 구조물이며 인류 최대의 토목공사라고 불리는 이 거대한 유적은 중국 역대왕조들이 북방민족의 침입을 막기 위해서 세운 방어용 성벽이다.

지도상 연장 길이 2,700㎞이며, 중간에 갈라져 나온 지선들까지 합치면 총 길이가 약 5,000~6000㎞에 이른다. 동쪽 산하이관[山海關]에서 서쪽 자위관[嘉峪關]까지 동서로 길게 뻗어 있다. 보통 만리장성의 기원을 진나라 시황제 때로 잡지만, 그보다 훨씬 전인 춘추시대(BC 770~ BC 443)부터 북쪽 변방에 부분적으로 성벽이 건축되었다. 통일 왕국인 진나라가 들어서면서 북쪽의 흉노

만리장성

를 견제하기 위해 이들 성벽을 연결하고 증축한 것이다. 당시의 만리장성은 동쪽 랴오양[遼陽]에서 서쪽 간쑤성[甘肅省] 민현[岷縣]까지로 지금보다 훨씬 북쪽에 있었다.

북방민족인 만주족이 세운 청(淸) 왕조에서는 군사적 가치가 없어 방치되어 있다가, 중화인민공화국 때 관광 목적으로 보수되어 지금에 이르고 있다. 1987년 세계문화유산으로 등재되었다.

(3) 히메지성

히메지성(姬路城)은 17세기 초 일본 성곽 건축을 대표하는, 현존하는 가장 훌륭한 예이다. 바쿠후시대(幕府時代) 초기에 만들어진 고도의 방어체계와 정교한 보호장치를 갖춘 총 83개의 건물을 포함하고 있다. 히메지성은 기능적인 면과 심미적인 매력을 잘 조화시킨, 목조 건축물의 걸작이다. 회벽칠된 백색 토벽으로 통일되어 있는 우아한 외관을 갖추고 있으며, 건물과 여러 겹의 지붕 사이의 섬세한 관계가 돋보이는 성곽이다. 1993년 세계문화유산으로 지정되었다.

히메지성

(4) 타지마할

무굴 제국 황제 샤 자한(1592~1666년)이 황후 뭄타즈 마할을 추모하기 위해 세웠다. 타지마할은 인도와 페르시아의 최고 장인들이 무려 22년이라는 세월에 걸쳐 만들어낸 조합물이다.

이 영묘의 웅장한 아름다움은 정문 출입로와 샤르바그 사이에서 가장 잘 드러난다. 샤르바그란 네 구획으로 나누어진 정원으로 가로수 길과 꽃밭, 물길 등으로 채워져 있으며, 페르시아인들이 생각한 낙원을 구현한 공간이다.

타지마할은 1983년 유네스코(UNESCO) 세계문화유산으로 지정되었다. 등재 당시 '무슬림 예술의 보석'이라는 찬사를 받았다. 또한 2007년 스위스 소재의 '신 7대 불가사의 재단(New7Wonders)'은 세계 7대 불가사의로 타지마할을 콜로세움, 만리장성 등과 함께 선정하기도 했다.

타지마할

(5) 포탈라궁

포탈라궁은 해발 3,700미터로 티베트 자치구의 라싸에 위치하고 있다. 1642년 제5대 달라이라마에 의해 왕국이 건설된 후, 그 본거지로서 티베트의 중심지 라싸의 언덕 위에 10여 년에 걸쳐서 건설된 궁전이다. 포탈라궁(布达拉宫)은 산을 배경으로 하여 건립된 궁전으로 산봉(山峰)의 정상부에 위치하고 있으며, 티베트 건축의 특색을 잘 보여주고 있다. 주루(主楼)의 높이는 117.2m, 동서 폭 360m, 남북 140m로 외관상 13층이나 실제로는 9층으로 이루어져 있으며, 아래쪽의 4층은 암석을 절개하여 건축한 축대로 되어있다.

궁전은 약 1만여 칸(间)으로 나무와 석재만을 이용한 구조로 총면적은 13만 ㎡에 이르며, 궁전의 외부는 대형 화강석을 이용하였다. 1994년에 세계문화유산으로 등록되었다.

포탈라궁

(6) 앙코르와트

앙코르 유적은 동남아시아에서 가장 중요한 고고학 유적 가운데 하나이다. 9세기부터 15세기까지 크메르 제국의 수도로서 훌륭한 유물을 지니고 있다. 앙코르에서 발달한 크메르 예술은 동남아시아의 많은 지역에 큰 영향을 미쳤을 뿐만 아니라 독특한 발달 과정에서 근본적인 역할을 했다. 대체로 인도 대륙의 양식에서 발달한 크메르 건축 양식은 고유의 특징을 가지고 발달함으로써 다른 건축 양식과 확실히 구분되었다. 어떤 점에서는 독립적으로 발달했지만, 이웃한 전통문화로부터 습득한 특징도 있었다. 그 결과 동양예술과 건축학에서 새로운 예술적 지평을 열었다.

앙코르와트

(7) 몽 생 미셸

프랑스 북부 브레타뉴와 노르망디의 경계에 자리한 섬이다. 708년에 대천사 성 미카엘이 출현했다고 전해지며, 아브랑쉬의 사교(司敎) 성 오베르가 여기에 기도당을 건립했다. 이윽고 섬은 순례지로서 발전, 노르만의 침략에 대비해서 성새가 된다. 그 후 966년에 노르망디 공(公) 리처드 1세(Richard I)가 베네딕트회 수도원을 창건. 성당은 1022년에 기공, 1135년에 완성되었다. 현재 수도원으로 쓰이고 있지만, 14세기에는 방어용 벽과 탑을 쌓아 요새화하였으며 15세기에는 성당에 플랑부아양 양식의 내진(內陣)을 만들었으나 16세기 이후에는 점차 쇠퇴하였다. 1791년 혁명군이 감옥으로 사용하였고 1863년에는 폐쇄되었으나 현재는 다시 수도생활이 행해진다. 1979년 유네스코(UNESCO : 국제연합교육과학문화기구)는 몽 생 미셸과 만이란 이름으로 세계문화유산으로 지정하였다.

몽 생 미셸

CHAPTER 4

사회적 관광자원

1. 사회적 관광자원의 의의와 종류
2. 한국의 의례와 세시풍속
3. 문화관광축제
4. 민속촌과 건축양식
5. 문화 · 교육시설

Chapter 4

사회적 관광자원

1. 사회적 관광자원의 의의와 종류

사회적 관광자원은 관광지의 사회적인 분위기, 즉 국민성, 인성, 예절, 민족성, 생활양식, 풍속, 전통, 문화, 사회구성원의 사고방식 등을 뜻하며 관광객을 유인할 수 있는 강한 흡입력을 가지고 있다.

관광은 이동이 기본인 특성을 가지고 있고 이동에 따라 발생되는 타지방, 타국의 사람과의 자연스러운 만남의 연속 자체가 사회적 관광자원의 가장 중요한 요소라고 할 수 있다. 또한 그 속에서 여러 가지로 표출되는 풍속, 오랜 세월 그 지역만의 독특한 생활관습, 인정, 민족성, 국민성, 복식, 예법, 예절, 예도, 향토음식, 고유 스포츠, 교통, 취락과 도시 등 의 · 식 · 주에서 표현되는 다양한 요소들과 관광객을 따뜻하게 맞아들이는 관광지 주민의 친절도와 외부인에 대한 열린 마음, 나름대로의 개성 있는 독특한 전통문화의 계승, 독특한 민족적 이미지, 생태환경 보존, 다양한 사회적 위락시설, 개성 있는 관광상품과 음식, 쇼핑 그리고 무엇보다도 정치적인 안정 등이 모두 사회적 관광자원의 범주에 속한다고 할 수 있다.

사회적 관광자원은 점차적으로 늘어가는 관광객의 욕구가 어떠한 관광대상을 보는 것에서 관광지의 사회문화를 이해 · 교류하는 방향으로 변화함에 따른 자연발생적 현상으로 할 수 있다.

2. 한국의 의례와 세시풍속

현대에는 전통의식이 대부분 없어졌지만, 40여년 전만 해도 전통의식은 우리 생활 주변의 의식이었고 전통적인 문화의 일부였다. 전통문화를 제대로 인식하는 것은 관광의 지적인 매력을 높이는 방법이기도 하다.

1) 의례

(1) 출산

아이는 산모가 평상시에 거처하는 방에서 낳는 것이 원칙이다. 그러나 첫 아기는 산모의 친가에 가서 낳고 한 집안에서 일년 내에 둘 이상의 산모가 있을 때에는 나중에 낳게 되는 산모가 다른 집에 가서 낳게 했다.

아이는 볏집 다발 위에다 낳는 것이 재래적인 관습이었다. 산아의 탯줄은 15cm 정도 남겨 수수껍질로 끊어 실로 묶고 태반은 삼일 후에 숯불로 태우거나 강에다 띄워서 버린다. 산모는 아기를 낳고는 미역국에 밥을 말아먹는다.

인줄을 치는 습관이 지금은 사라졌지만, 전통적인 관습은 산고가 들면 대문에다 인줄이라는 금기의 줄을 4~9일간 쳤다. 남아의 경우에는 숯과 고추를 간간이 꽂은 인줄을 치고, 여아인 경우에는 숯과 생솔가지를 꽂은 인줄을 친다. 인줄이 쳐 있는 집에는 가족 외에는 친척이라도 출입이 금지되었다.

산아에 대한 금기 · 금신은 가족들도 엄수하여야 한다. 특히 산후 3일간은 큰 소리를 내지 못하고 빨래도 할 수 없으며 가축을 잡아먹을 수도 없다.

산아의 명명에는 특별한 기일도 의식도 절차도 없다. 시일이 지나서 필요를 느낄 때 명명하게 되는데, 이때에는 '아명'이라 하여 임시로 이름을 짓는다. 그런데 이런 명명도 남아에게만 있는 것이고 여아는 이름도 지으려 하지 않았다.

(2) 백일잔치

산아가 출산한 지 백일이 되면 백일잔치를 한다. 산아가 첫 아기고 남아일

경우에는 꽤 성대히 한다. 특수한 음식을 장만하여 많은 손님을 초대하고 이웃에 백일떡을 돌리기도 한다. 초대받은 하객이나 백일떡을 받은 집에서는 백일을 맞이한 아이를 위하여 금품을 보내어 축하한다.

(3) 돌잔치

산아가 태어난 지 만 일년이 되어 첫 탄생일을 맞이할 때에는 돌잔치를 크게 벌인다. 아이에게 최대의 성장을 시키는 것은 물론 음식물을 풍성하게 차린 돌상을 주기도 한다. 돌상 앞에는 실 · 돈 · 문방구 · 책 등 여러 가지 물품을 놔두고 아이로 하여금 집게 한다. 이것을 돌잡이라고 부르는데, 먼저 집은 물건에 의하여 그 아이의 성격이며 운명을 점쳐보는 것이다. 실을 먼저 집으면 명이 길다고 보고, 붓을 집으면 문장가가 되겠다고 하며, 돈을 집으면 부자가 될 것이라고 한다.

이러한 일이 끝나면 친척, 지인을 초청하여 음식을 나누며 하객의 축언과 축하선물을 받는다.

(4) 결혼

우리나라 사람은 비교적 조혼을 했다. 집이 부유하고 사회적 지위가 높을수록 조혼의 경향이 있었다. 오늘날은 그렇지 않지만, 1940년 전까지만 해도 남녀 모두 15세 전에 결혼한 사람을 얼마든지 볼 수 있었다. 이때에는 대부분 신랑은 나이가 어리고 신부는 신랑보다 위인데 심한 경우에는 아홉 살 정도 차이가 나는 예도 있었다.

우리나라에 있어서 결혼이란 결혼하는 남녀의 생을 위하기보다는 가계 계승과 가문 번창에 더 큰 중점을 두고 있었다.

그래서 결혼하는 남녀의 애정이라든지 생활설계에 대한 자유로운 의사표명은 크게 제한되었다. 배필의 선정이며 결혼일자 결정 등은 거의 부모의 일방적인 결정에 따랐다. 결혼의 예식은 지방과 신분에 따라 또는 가문에 따라 다소의 차이가 있는데, 여자가 남자의 집으로 시집오는 것이 원칙이었다.

남녀의 결혼 여부는 소위 궁합에 의하여 결정되었다. 결혼할 남녀의 생년월일시에 나타난 운세에 맞추어서 길하다고 결정되면 양인은 궁합이 맞는다고 하고, 이 궁합에 나타나는 결정에 따라서 결혼일자며 혼례식 거행의 시간까지도 정해졌다.

결혼일에 신랑은 신부의 집에 가서 예식을 올리고 3일만에 신부와 함께 본가로 돌아왔다. 신부는 시가의 부모며 조상은 물론 일가친척에까지도 인사를 올린다.

신부는 시집온 지 3일만에 처음으로 부엌에 내려가서 식사를 지어 시부모에게 바친다. 그리고 그 날부터 시가의 가풍에 맞는 제반행습을 익히고 시어머니의 지도하에 가정적 잡무를 행하게 된다. 신부의 새로운 생활은 퍽 고되고 힘들었다. 그래서 '시집살이'라는 말은 신혼의 기쁨보다는 '고생살이'라는 말로 통용되었다.

한국인은 결혼을 인륜대사라고 한다. 그만큼 중시하는 통과의례여서 많은 결혼비용을 지출하고 큰 잔치를 베풀어서 원근의 친족과 지인까지 초대하여 향연한다.

(5) 환갑

한국인은 61세가 되면 환갑이라고 한다. 그 생일날에 자손들은 부모에게 최고의 의복을 입히고 최대의 음식을 갖춘 축하상과 술잔을 올리며 장수와 길복을 축하하며 원근의 친족과 지인을 초대한다.

이 때 축하객의 많고 적음은 그 가족의 사회적 세력과 명성을 측정하는 척도가 되기도 하였다. 현대에 와서는 평균수명의 증가로 예전과 같이 환갑을 크게 치르지 않고 가족 간의 모임으로 대체하는 편이다.

(6) 귀의

노령의 성인이 죽어갈 때에는 그의 자손들이며 가족들이 모여 죽음을 지켜본다. 숨이 끊어지면 가족들은 소리 높이 운다. 이것을 곡이라고 한다. 그와 동시에 망인의 평상복 상의를 지붕에 던진다. 이것을 '초혼'이라고 한다.

2) 세시풍속

한국인은 오랫동안 음력을 써왔기 때문에 양력을 쓰게 된 오늘날에도 음력으로 행사를 갖는 경우가 많다.

매월 1 · 2일은 액흉이 동쪽에 있다 하여 이때에는 동쪽으로의 출타 · 이사 · 방문 · 사업 · 가택수리 등의 행동을 취하지 않거나 삼간다. 3 · 4일은 액흉이 남쪽에, 5 · 6일은 서쪽에, 7 · 8일은 북쪽에 액흉이 있으므로 그 방향에서의 행동을 조심한다. 9 · 10일은 액흉이 공중에 떠 있다고 하여 자유로이 행동을 할 수 있다고 한다.

(1) 설

설은 신정, 설날, 신일(愼日)이라고도 하며, 한해가 시작되는 첫날을 말하는데, 우리 민족에 있어서는 큰 명절 중의 하나이다. 모든 사람은 가장 좋은 의복으로 갈아입고 모든 일을 쉬고 온 가족이 한데 모여서 조상에 대한 차례(茶禮)를 지내고 성찬을 취식한다. 연소자들은 가족의 연장자에 대하여 신년을 축하하는 세배를 올린다. 그리고 나서 연소자의 남자들은 인근의 어른들에게 세배하기 위해 이댁, 저댁을 방문한다.

2일부터는 원거리에 있는 친지들에게 세배를 다니거나 친지들을 초대하여 소 연회를 베풀며 윷놀이를 한다.

(2) 정월 대보름

정월 대보름은 새 해에 처음 맞이하는 음력의 만월(滿月)의 밤을 말하는데 한자(漢字)로는 '上元(상원)'이라고 한다.

대보름달은 소원을 성취시켜주고 복을 가져다준다는 데서 달맞이를 하게 된다. 또 대보름달은 먼저 보는 사람이 그 해의 운이 좋다는 데서 뒷동산 높은 곳에 올라가 달맞이를 하려고 다투어 산에 올라간다.

그 밖에도 각 지방에서 여러 가지 종류의 민중행사가 벌어진다. 부락과 부락이 서로 대치하여 줄다리기 · 돌싸움 · 횃불싸움을 한다. 남자 청년들이 중심이 되어 노는 놀이인데, 참가인원이 수천이 넘고 용장하며 살벌하다.

15일을 전후해서 자기 부락의 집을 돌아가며 매귀 또는 지신밟기라는 농악을 친다. 이것으로 악귀를 쫓고 길복을 초래케 한다고 믿는다.

매귀를 치러 오면 집주인은 그 집의 형편에 따라 적당한 양의 곡물과 금전을 지불하고 매귀치는 사람들에게 주, 식으로 향응한다. 매귀를 쳐서 이렇게 거둔 곡물과 금전은 부락의 공동비용으로 사용한다.

(3) 한식

이 날에는 아침 일찍 조상을 위한 차례(茶禮)를 지내고 그것이 끝나면 가족들은 각기 조상의 묘소를 성묘하고, 분묘가 상한 데가 있으면 돌보고 잔디가 잘 자라지 않았으면 다시 잔디를 심는다.

(4) 단오절

5월 5일은 단오라 하여 큰 명절의 하나로 친다. 옛날 기록에 의하면 전국적으로 설날처럼 모든 일을 쉬고 새옷으로 갈아입고 특별한 음식을 차려 먹고 여러 가지 행사를 하며 즐겼다는데, 오늘날에 와서는 북부지방에서만 그러할 뿐 남부지방에서는 그 자취만 남아 있다.

북부지방에서는 남자들은 씨름을 하여 최우승자는 황소를 상으로 받고 여자는 그네를 뛰어 묘기를 나타내어 상품으로 반지 · 식기 · 화장품을 받는다. 남부지방에서는 씨름은 없고 그네뛰기만 더러 볼 수 있을 뿐이다.

오늘날은 강릉의 단오제와 전남 영광 법성포의 단오절 행사가 가장 성대하게 치러지고 있다.

(5) 추석

음력 8월 15일은 추석이라 하는 큰 명절로 치는 날이다. 이 날은 북부지방에서는 특기할 만한 행사는 없지만 남부지방에서는 설날과 같이 새옷을 입고 특별음식을 먹고 일을 쉬고 즐긴다.

아침에 조상에게 다례를 지내고 산소에 가서 성묘를 한다. 또 씨름도 하고 그네도 뛰는 등 민중적 행사는 북부지방의 단오와 같다.

전라도의 해안과 도서지방에서는 밝은 달 아래서 20대 전후의 소녀들만이 30~40여명씩 일단이 되어 노래를 부르며 원무를 추는 놀이가 각지에서 있게 된다. 문헌을 보면 신라시대에는 왕도의 부녀자를 두 패로 나누어 7월 15일부터 추석날까지 한 달 동안 삼을 삼게 하여 이것을 추석날에 비교·품평하고 진 쪽에서는 이긴 쪽의 사람들에게 주식을 내어 주는데 이긴 쪽 사람들은 가무백회를 했다고 한다. 그런데 오늘날에 와서는 이러한 행사는 아무 데서도 찾아볼 수 없다.

(6) 동짓날

음력으로 11월은 동지가 들어있는 달이므로 동짓달이라고 흔히 부른다. 동짓날에는 새벽 일찍이 빨간 팥죽을 쑤어 먹고 또 집안 곳곳에 죽을 뿌리는데, 이는 집안에 숨어 있는 악귀·잡귀를 쫓아낸다는 뜻이다. 악귀·잡귀는 붉은 빛을 무서워한다고 한다.

3. 문화관광축제

1) 관광축제

문화체육관광부장관은 다양한 지역관광자원을 개발 · 육성하기 위하여 우수한 지역축제를 문화관광축제로 지정하고 지원할 수 있다(관광진흥법 제48조의2). 문화관광축제는 각 지방자치단체와 문화체육관광부가 외래 관광객 유치확대 및 지역관광 활성화를 위해 전국 지역축제 중에서 관광상품성이 큰 축제를 대상으로 해마다 지속적으로 확대지원육성하고 있는 축제이다. 매년 전문가들로 구성된 선정위원회에서 관광상품성을 기준으로 대표적인 축제를 선정하게 된다.

전통문화와 독특한 주제를 배경으로 한 지역축제 중에서 관광상품성이 큰 축제를 선정하여 문화체육관광부에서 집중육성하고 재정적인 지원을 하고 있으며, 외래관광객 유치 증진 및 지역경제 활성화에 기본방향을 두고 있다.

(1) 이천 도자기축제(利川陶磁器祝祭, Ichon Ceramics Festival)

매년 9월 말경에 도예촌을 중심으로 개최된다. 인근에 있는 해강 도자기박물관과 무색무취의 단순천인 이천 온천에 가서 하루를 즐길 수도 있다.

전통 가마 불지피기, 도자기 제작 시연 등 도자기와 관련된 다양한 볼거리를 제공하는 이 문화제는 경기도 이천의 지역특산물인 도자기 · 쌀 · 온천을 소개하기 위해 마련된 향토문화제이다.

이 문화제는 이천 온천장의 야외 행사장과 해강 도자기미술관, 도예촌 일원의 9개 가마 등지를 중심으로 펼쳐지는데, 행사기간 동안 전통 도공기원제, 전통 가마 불지피기, 이천 거북놀이 시연 등의 전통 민속행사와 현대 무용단 퍼포먼스, 설봉음악제, 이천도예가 작품전 등의 현대적 축하행사가 조화롭게 어우러진다.

이 밖에도 도자기제작 시연, 경축 퍼레이드, 이천 설봉아가씨 선발대회, 야외영화제, 설봉미술제, 수석전시회, 설봉음악제 등 다채로운 행사가 펼쳐진다

(2) 강릉 단오제(江陵端午祭, Kangnung Tano Festival)

강릉 단오제는 음력 5월 1일에 올려지는 영신제에서 막이 오른다. 음력 5월로 접어들어 닷새 동안 진행되는 강릉 단오제는 실제로 음력 3월 20일에 신에게 바칠 술을 빚는 데서부터 시작된다. 이 신맞이 제사는 국사 여서낭당에서 올려지는데, 이곳에 모신 대관령 국사 서낭을 잔치가 벌어질 남대천가로 옮겨 모시는 절차이다.

국사 여서낭당에서 제사를 마친 영신행렬은 농악대, 제관, 무당을 앞세우고 굇대와 신들린 나무를 받들고 남대천으로 가서 신들린 나무를 백사장에 꽂는다. 이로써 신이 함께 했음을 알린다.

영신제에 뒤이어 등불행진이 벌어지며, 단오제가 끝나는 음력 5월 6일까지 관노 가면놀이, 그네뛰기, 농악, 씨름, 활쏘기 등의 민속놀이와 단오굿, 시조·민요 부르기, 다양한 체육행사 등이 화려하게 펼쳐진다.

단오제를 마감하는 5월 6일에는 큰 서낭당의 뒤뜰에서 소제가 있다. 이때에는 단오제를 위해 만든 모든 것을 불태우며 그동안 여서낭당에 모셨던 국사 서낭을 대관령 국사 서낭당으로 다시 모셔간다. 이 봉송이 끝나면 근 50일간의 강릉 단오제가 끝을 맺게 된다.

강릉 단오제의 예술부분에서 가장 두드러지는 대목은 단오굿과 관노 가면놀이다. 특히 관노 가면놀이는 조선시대에 이곳 관아에서 벼슬아치들의 시중을 들며 온갖 궂은 일을 도맡아 했던 노비들의 탈놀이로, 대사가 한 마디도 없는 무언극으로서 눈길을 끈다.

이 놀이에는 양반과 소무각시(또는 소마당)와 장자마리(또는 보 쓴 놈) 둘과 시시딱딱이(또는 상좌 광대) 둘이 등장한다. 모두 네 마당으로 이루어져 있으며, 소무각시를 둘러싸고 양반과 시시딱딱이가 사랑싸움을 벌이다가 양반이 이긴다는 내용을 담고 있다.

관노 가면놀이와 함께 강릉 단오제에서 주목되는 것은 무당들에 의해 이루어지는 단오굿이다. 단오굿은 강릉 단오제의 핵심을 이루고 있는데, 특히 단오제가 본격적으로 시작되는 음력 5월 1일부터 5월 5일까지는 무당굿이 한창이다.

(3) 진해군항제(鎭海軍港祭, Chinhae Gunhang Festival)

벚꽃이 피는 4월 초에 맞춰 해마다 군항제가 열린다. 진해에서 벚꽃이 가장 아름답게 피는 곳은 탑산으로 불리는 제왕산 공원과 해군 통제부 일원이다.

그리고 장복산 터널에서 여좌동까지의 4.2km 남짓한 국도변에는 30~40년생 벚나무 3천여 그루가 죽 늘어서 있어 이곳을 방문하는 사람들에게 깊은 인상을 심어 준다.

개화 예정일은 4월 1일~8일경이며, 절정기는 4월 5일~8일경이다. 진해시 전역에 분포한 7만여 그루의 20~70년생 벚나무가 개화를 시작하면 온 시내가 벚꽃 터널을 이루고 벚꽃이 뿜어내는 향기와 남해안의 아기자기한 섬들로 이루어진 풍경은 진해를 더할 나위 없는 봄의 천국으로 만든다.

그리고 매년 4월에 개최하는 군항제 기간에 해군사관학교를 개방하므로 이 일대의 벚꽃을 마음껏 즐길 수 있다.

진해의 벚꽃은 1905년 일본이 한국 침략 당시 진해에 해군사령부를 설치하고 벚꽃을 심은 것이 시초였다. 진해 벚꽃관광의 중심이 되는 벚꽃장은 충무공 이순신 장군의 동상에서 해군통제부까지를 일컫는데, 특히 탑산이라 불리는 제왕산 공원의 벚꽃동산과 해군통제부 내의 벚꽃길이 압권이다.

이 충무공 추모제를 시작으로 개최되는 군항제는 1만여 개의 오색등에 불이 밝혀지는 전야제와 경축식, 시가행진, 문화와 체육행사 등 50여 종의 다채로운 행사로 꾸며진다.

해군 군악대의 연주에 맞춰 의장대의 시범이 있고 민속농악, 강강수월래, 사물놀이, 축등행렬 등이 진해의 밤거리를 수놓게 되는 진해군항제는 평소에 쉽게 접하기 힘든 다양한 볼거리로 관광객들을 흥분의 도가니로 인도한다.

⑷ 한산대첩제

통영 한산대첩제는 임진왜란 때의 한산대첩을 기리기 위한 기념제로 매년 10월에 행해지고 있다. 한산대첩제는 통영시 일대의 한산대첩유적지에서 펼쳐지는데, 보통 10월 15일을 전후로 5일 동안 계속된다.

이 향토문화축제가 시작되는 첫 날에는 전야제가 진행되는데, 오후 4시 통영 여객선 부두에서 이순신 장군과 군졸들의 넋을 기리는 오귀새남굿이 한산대첩제의 시작을 알리며 분위기를 고조시킨다.

오귀새남굿으로 넋을 건진 일행들을 충렬사까지 길을 인도하고(길놀이행사) 고유제를 올린다. 이때 시민들과 집사, 악사 등이 30매듭을 묶은 광목 두줄을 길게 늘어뜨리며 시가를 누빈다.

한산대첩제를 널리 알리는 고유제는 오후 6시부터 1시간 동안 진행되며, 이후에 축등행렬, 불꽃놀이, 해군군악의 밤 등의 행사가 여객선 부두와 시내 곳곳에서 행해진다.

⑸ 남원 춘향제(南原 春香祭, Namwon Chunhyang Festival) · 광한루

음력 4월 8일부터 3일~4일 동안 남원 광한루에서는 30여 가지 행사가 열린다. 전국 각지에서 이를 참관하기 위해 매년 20여만명의 관광객이 몰려들어 큰 성황을 이룬다.

남원 춘향제는 춘향의 높은 정절을 기리고 그 얼을 계승 · 발전시키기 위해 매년 음력 4월 8일에 열리는 남원의 전통민속제전이다.

이 문화제는 1931년 춘향의 사당인 춘향사를 짓고, 그 해부터 이도령과 춘향이 처음 만났다는 5월 단오를 기해 매년 행사를 열어 왔으나, 이때가 농번기라서 춘향의 생일인 4월 8일에 개최하고 있다.

춘향제의 축하행사는 춘향묘 참배, 춘향제사, 전야제와 등불행렬, 무용 · 기악 · 창악 등 국악인의 밤, 가장행렬, 농악, 씨름, 그네뛰기, 시조 경연대회, 전국 남녀궁도대회, 전국 국악명창경연대회, 춘향선발대회 등 30여 종목에 이른다.

남원역에서 남쪽으로 10분쯤 걸어오면 시내 한복판에 있는 남원의 상징인 광한루가 있는데, 명정승 황희가 유배되어 지은 누각이며, 춘향전으로 더 유명해졌다. 지난 80년대에 들어 정화된 광한루는 은하수를 상징한 연못을 향하여 남쪽에 있다. 연못에는 완월정이라는 정자가 세워져 있으며 여기서 각종 행사가 실시된다.

오작교는 연못 주위에 놓은 돌다리를 말한다. 광한루 옆에는 춘향의 영정이 모셔진 춘향사가 있으며, 초가집으로 지어진 월매의 집에서는 동동주 등을 팔고 있고, 그 맞은편에는 춘향이와 이도령을 만나게 해 준 그네가 매달려 있다.

광한루(보물 제281호)라는 이름은 세종 26년 전라 관찰사 정인지가 남원 순시 길에 광통루에 올라 "광한청허부가 바로 이곳이 아니더냐"라고 감탄하여 광한루라 고쳐 불렀다고 한다.

세조 7년 새로 부임한 장의국은 광한루 앞에 호수를 만들고 오작교를 만들었으며, 송강 정철은 삼신산을 상징하는 섬을 구축하여 천체와 우주를 상징하는 각종 설비를 조성했다. 그러나 정유재란때 왜군에 의해 완전 소실되어 선조 40년 작은 규모의 누각을 세웠으나, 얼마 후 퇴락하여 무너지고 옛 모습을 잃게 되었다.

남원에서는 이곳 광한루를 무대로 한 '춘향전'의 작가를 채주익이라 믿고 있다. 채주익은 문과에 급제하였으나 풍류를 즐겨 기방출입이 잦았는데, 그 때마다 기생들에게 '춘향전'의 가사를 지어 들려주었다고 한다.

광한루의 본관 동쪽에는 '만고열녀 춘향사'라는 현판이 걸린 춘향사당이 있는데, 입구에는 '님 향한 일편단심(一片丹心)'을 줄여 단심이라고 쓴 단심문(丹心門)이 있다.

춘향의 영정을 모신 춘향사와 오작교의 잉어떼를 보고 월매집의 동동주 한 잔 마시고 그네를 타면 이도령과 춘향이가 된 기분이 든다.

(6) 광주 비엔날레(Kwangju Biennale)

매 짝수연도 가을에 주로 개최된다. 세계적인 관심 속에 개막된 1995년도 제1회 광주 비엔날레에는 '경계를 넘어'라는 주제로 세계 80여 국가에서 약 600여 명의 작가가 참여하여 현대미술의 다양한 흐름을 보여 주었다.

관람인원도 연간 약 100만명에 달하는 비엔날레는 사상과 인종을 초월, 세계 각 지역의 작가들이 폭넓게 참여함으로써 국제적인 예술축제로 발전되고 있다. 비엔날레 전시관 중 하나인 광주시립박물관에는 남도의 전통화, 한국의 대표작뿐만 아니라 피카소, 칸딘스키 등 세계적인 작가들의 작품이 소장되어 있다.

(7) 김치축제(Kimchi Festival)

대표적인 한국 음식인 김치를 테마로 하는 광주 김치축제가 해마다 10월경에 광주에서 열린다. 개막식행사와 퍼레이드를 시작으로 본격적인 축제가 시작되는데, 가장 손꼽히는 행사로는 김치왕 선발대회를 들 수 있다.

전시행사로는 김치역사의 발자취가 시대별 · 항목별로 전시되며, 다양한 김치요리와 옹기들이 역사별 · 모형별 · 지방별로 구분되어 사진 및 실물로 선보이게 된다.

또한 전국 8도를 15개 지역으로 나누어 김치지도와 함께 팔도 명물 김치가 소개되고, 수천년 동안 전해 내려오는 사찰 김치와 각종 음식도 전시된다.

특히 이 축제에는 외국 관광객과 국내 거주 외국인을 위하여 '김치 칼리지'를 개설해서 김치축제와 대학 그리고 김치생산업체를 연계, 김치 만드는 방법을 쉽게 배울 수 있도록 했다.

아울러 행사 현장에서 배운 방법으로 김치를 직접 담근 후 준비된 용기에 담아 가져갈 수 있도록 하고 있다.

(8) 진도 영등제(珍島影燈祭, Chindo Youngdung Festival)

진도는 각종 민속 풍물들의 원형이 가장 잘 보존된 곳으로 유명하다. 한 폭의 산수화를 연상시키듯 아름다운 자연경관을 갖춘 진도에서는 매년 음력 3월 초, 회동리와 바다 건너 모도리 사이 2.8km 바닷물이 30m 정도의 폭으로 갈라지면서 신비의 바닷길이 열린다.

이름하여 한국판 모세의 기적이라 할 수 있다. 이때가 되면 온 섬은 축제의 열기로 휩싸이고, 전국은 물론 해외에서도 관광객이 몰려와 발 디딜 틈이 없어진다. 구약성서에 기록된 홍해의 기적처럼 바다가 양편으로 갈라져 그 사이로 하나의 길을 이루는 이 기이한 현상은 그래서 '신비의 바닷길'로 불린다. 해지기 한 시간 전부터 시작되며, 길이 생기면 건너편의 모도를 걸어서 다녀와도 좋고, 바위나 바닥에 널린 해산물 등을 잡을 수도 있다. 이 바다 열림 현상은 평소 수심 5~6m에 이르는 회동 해안과 모도 사이의 바다에서 길이 2.8km, 폭 30m의 일정한 반월형의 길이 드러나는 것을 말한다.

진도 바닷길

진도 회동 해안이 이렇듯 유명세를 타기 시작한 것은 지난 1975년 주한 프랑스 대사 피에르 랑드씨가 이곳에서 현장을 목격하고 귀국한 후 감격의 장면들을 신문 등에 기고하면서 전세계에 알려지게 되었다. 국립천문대를 비롯한 관계 학자들에 의하면 진도 회동 해안의 이같은 현상은 진도 특유의 지형적인 요인과 해와 달의 인력이 가장 강할 때 일어나는 해수 간만의 차이에서 비롯되는 현상이라고 한다. 매년 진도에서는 이에 맞춰 전통 향토문화축전행사를 벌이고 있는데, 진도 영등축제가 바로 그것이다.

(9) 화천 산천어 축제

북한강 상류 화천군의 청정 환경을 산천어와 연결하여 매년 열리는 축제이다. 2000년에 처음 시작한 '낭천 얼음축제'를 2005년도에 새로운 테마와 이름으로 시작하였다.

주요 프로그램은 산천어얼음낚시대회, 창작썰매 콘테스트, 얼음축구대회, 빙상경기대회, 겨울철 레포츠 체험행사로 진행된다.

각종 낚시대회와 더불어 눈썰매타기, 얼음썰매 타기, 눈던지기 경기, 인간투포환경기, 빙판 인간새총, 빙판골프, 빙판골넣기, 인간컬링, 눈사람만들기대회, 사진 콘테스트 등이 다채롭게 펼쳐진다. 무에서 유를 창조한 대표적인 지역관광 이벤트이다. 매년 1월중에 개최되는데, 매년 100만명 이상이 찾아온다.

(10) 금산 인삼축제

금산 인삼의 역사는 약 1,500여년 전, 금산의 진악산 관음굴에서 정성껏 어머님의 병환 쾌유를 빌던 강씨 성을 가진 선비에게 꿈에 산신령이 나타나, "관음봉 암벽에 빨간 열매 3개 달린 풀이 있으니 그 뿌리를 달여 드리라"는 계시를 받고, 그 풀을 찾아서 약으로 쓰고 씨앗을 개안마을에서 재배하기 시작한 것이 금산인삼의 유래라고 한다.

금산 인삼축제(Kumsan Ginseng Festival, 金山人蔘祝祭)는 다음해의 풍년과 전

인류의 영약으로 인삼이 널리 활용되기를 기원하는 전통문화행사이다.

이 행사로 건강과 젊음 그리고 아름다움을 지켜 주는 신비의 영약인 인삼, 인삼의 참맛과 효능은 물론이고 한국 전통문화의 정취를 맛볼 수 있다. 개삼제, 산신제 등의 전통의식과 민속행사, 각종 공연행사와 관광객 참여행사 등 예로부터 이어져 내려온 인삼의 고장인 금산의 넉넉한 인심을 만날 수 있다.

(11) 보령머드축제(www.mudifestival.or.kr)

보령에서 생산되는 머드를 주제로 하는 관광객 체험형 이벤트로, 1998년 7월 처음으로 축제를 개최되었다.

136km에 이르는 기다란 해안선을 따라 형성된 고운 진흙을 활용해 본격적인 상품화에 들어가 대천해수욕장에 머드팩 하우스를 설치하고 매년 해수욕장 개장과 함께 이 축제를 개최하고 있다. 축제기간에는 갯벌관련 각종 프로그램인 마라톤, 커플슬라이드, 머드마사지, 극기체험 등이 다양하게 펼쳐진다.

보령머드축제

⑿ 안동 국제탈춤 페스티벌

탈하면 안동이라고 불릴 정도로 안동 탈은 그 오랜 역사만큼 유명하다. 우리네 신명과 애환을 펼쳐왔던 탈춤을 안동에서 국제적인 축제로 발전시켰다. 축제 기간 동안 세계 탈전시회, 탈춤 워크숍, 판소리 한마당 등 다채로운 행사가 펼쳐진다.

⒀ 청도 소싸움축제

청도 소싸움축제는 전국 최대 규모의 소싸움 경기를 중심으로 열리는 행사로 오랜 역사와 전통을 인정받아 문화체육관광부가 선정하는 '99문화관광축제로 지정되었으며, 2001년에 상설 투우장이 완공되었다.

청도 소싸움

⒁ 부산 국제영화제(BIFF)

부산 국제영화제는 한국 영화산업의 메카 중 한 곳인 부산에서 매년 가을에 지방 자치단체와 기업체의 후원으로 열리는 우리나라 최초의 국제영화제로 1996년 1회를 시작으로 아시아를 중심으로 한 세계 영화의 새로운 장을 펼친 국제적인 영화축제로서 세계 유명배우 및 감독들이 참가하여 관람객들과 영화에 대한 진지한 토론의 장이 되기도 하며, 아시아 영화를 재조명하며 새로운 비전을 제시하는 세계적인 영상문화축제이다. 수준 높은 작품의 확보 및 다양한 프로그램, 관객과 영화인의 높은 참여와 관심, 안정적인 조직 및 원활한 운영, 항구도시가 갖는 높은 관광자원의 가치 및 지역사회의 폭넓은 지원 등이 장점이다. 이러한 장점으로 인해 부산국제영화제는 우리나라 최초의 세계적인 수준의 국제영화제로서의 위상을 굳히고 있으며 한국영화를 세계에 알리는 데에도 크게 기여하고 있다.

(15) 무주 반딧불축제

반딧불이 날으는 시기인 5월 중순부터 7월까지 밤 9시부터 10시 사이에 덕유산을 배경으로 밤하늘에는 별과 반딧불이 벌이는 환상적인 불꽃놀이가 시작된다.

이처럼 반딧불이 한국에서 가장 많이 서식하는 것은 공해가 없는데다가 반딧불의 유충이 먹는 다슬기가 무주 남대천에 많이 서식하고 있으며 이 주변의 습도가 알맞기 때문이다. 그래서 청량리에서 소천리 사이 3km 남대천 일대는 '반딧불과 다슬기 서식지' 천연기념물 제322호로 지정되어 보호받고 있다.

2) 상설공연

상설문화관광프로그램은 전국 각 지역의 독특한 전통공연예술을 상설 관광상품으로 개발하여 국내외관광객들에게 다양한 볼거리 및 즐길 거리를 제공하고 이를 관광 상품화하여 외래 관광객 유치확대 및 관광목적지 다변화를 위해 추진하고 있다.

문화관광축제가 일주일 내외의 단기간 동안 관광객을 집중적으로 유치하기 위한 것이라면, 상설 프로그램은 언제든지 관광객이 그 장소에 가면 동일한 공연을 볼 수 있도록 한다는 점에서 문화관광축제와 상호 보완적인 관광 상품이라 할 수 있다. 진도토요민속공연, 안동 하회별신굿탈놀이, 경주 보문단지야외공연, 공주 웅진성수문장교대식 등이 상설 문화관광프로그램으로 마련되어 있다. 국내외 여행사 연계마케팅 실시 및 체험프로그램 개발, 외국어 안내물 제작지원 등 여러 가지 방법을 통해 해당 지방자치단체, 관계단체와 유기적인 상호 협력체계를 구축하고 있다.

(1) 운현궁 · 왕비결혼식(雲峴宮 · 王妃結婚式, Unhyun Palace)

고종의 아버지 흥선대원군의 사저로 이곳에서 고종 3년 15세의 고종과 16세의 명성황후가 국혼례를 올려 유명하다. 고종과 명성황후가 혼례를 치른 노락당과 안채인 이로당, 사랑채인 노안당 등을 중심으로 회랑과 경비소 등의 부속 건물로 이뤄져 있다. 고종이 즉위하면서 궁으로 격상되었으나, 대원군의 몰락과 일제의 점령으로 헌병대, 극장 등이 들어서는 등 쇠락의 길을 걸었다.

이를 최근에 서울시가 대원군의 5대 손으로부터 매입해 복원하여 고종과 그의 비 명성황후의 결혼식을 봄 · 가을에 걸쳐 3회 재연하고 있다.

조선왕조의 국혼례 의식과 화려한 복식을 직접 볼 수 있으며, 제례의 절차는 다음과 같다.

① **납채(納采)** : 대궐에서 간택된 왕비가 머물고 있는 별궁에 사자를 보내 청혼을 하는 의식

② **납징(納徵)** : 혼인이 이루어지게 된 징표로 대궐에서 사자를 시켜 별궁에 예물을 보내는 의식

③ **고기(告期)** : 대궐에서 길일을 택해 가례일로 정한 날을 별궁에 알려 주는 의식

④ **책비(冊妃)** : 대궐에서 왕비를 책봉하는 의식과 왕비의 집에 사신을 보내

왕비를 책봉받는 의식

⑤ **친영(親迎)** : 국왕이 별궁에 가서 왕비를 맞아들여 대궐로 돌아오는 의식

⑥ **동뢰(同牢)** : 국왕이 왕비와 서로 절을 나눈 뒤에 술과 찬을 나누고 첫날 밤을 치르는 의식

정기공연은 매월 1~2회 궁중 · 사대부 관련 의례가 있다.

(2) 덕수궁 수문장교대의식
(守門將交代儀式, Palace Royal Guards Changing Ceremony)

서울 시청 앞 덕수궁에서는 4월부터 11월까지 주말에 왕궁의 수문장교대의식(Royal Guards Changing Ceremony)을 거행한다.

국왕이 거처하는 궁성 내에서 일반인의 출입이 금지된다는 의미에서 '금내(禁內)' 또는 '금궁(禁宮)'이라 하였으며, 이러한 금궁에서 금내의 경비를 관장하고 대전을 호위하는 군대를 '금군(禁軍)'이라 하였다.

국왕이 거처하는 궁성 안에는 일반인의 출입을 금지하였으므로, 중앙의 궁성에는 수문장청이 설치되어 종6품에 해당하는 수문장을 비롯하여 대전을 호위하던 군대가 궐내의 수위를 담당하였다. 조선시대에는 궁정문을 열고 닫는 궁성문 개폐의식, 궁정문을 수위하는 궁성시위의식, 군사를 데리고 궐내를 순찰하는 행순 등이 있었는데, 오늘날 이 수문장 교대의식은 3가지 의식을 하나로 연결하여 재연하는 의식이다.

덕수궁 수문장 교대의식

4. 민속촌과 건축양식

1) 민속촌

(1) 한국민속촌(韓國民俗村, Korean Folk Village)

우리나라를 찾아오는 외국관광객이 가장 좋아하는 관광명소 중에 한 곳이다. 한국민속촌(韓國民俗村)은 바로 500년 전의 서울인 한양의 옛 모습이다.

한국 전통의 치마와 저고리를 입은 처녀, 갓을 쓰고 긴 장죽을 입에 문 근엄한 표정의 노인, 사모관대(紗帽冠帶)를 하고 조랑말을 탄 신랑과 연지곤지 찍고 수줍은 표정으로 가마를 탄 신부 등을 그대로 재현해 놓은 전통 혼례행렬, 큰 창을 들고 높은 문의 관가를 지키고 서 있는 수문장, 여기저기서 울려 퍼지는 농악대의 피리소리와 징소리, 꽹과리소리에 어깨춤으로 덩실거리는 거리의 사람들.

한국민속촌에는 270여 동의 각 지방의 농가(農家)와 그 생활양식, 당시의 관가(官家), 99칸짜리 저택의 양반가(兩班家) 등을 비롯해서 한약방과 글방(書堂), 대장간, 유기공방, 도자기 가마, 떡전 등이 옛 모습 그대로 재현되어 있다.

또한 야외 원형극장에서 신명나게 펼쳐지는 농악놀이와 화려한 차림의 혼례 행렬 등은 관광객을 민속축제의 한가운데로 몰입하게 한다.

수백년을 단숨에 거슬러 올라가 '옛날'로 숨어든 방문객에게 큼지막한 엿판을 들이밀며 엿가위를 쳐대는 엿장수의 위세는 자못 위압적이다. 마치 이 엿을 맛보지 못하면 평생 후회할 것이라는 자신만만한 표정으로 말이다.

어리둥절해하며 발걸음을 몇 걸음 옮기면 초가(草家)집 마당에 펼쳐진 평상에 모여 앉아 한국 고유의 술인 막걸리와 동동주를 주고받는 사람들로 가득 찬 전통 주막이 방문객을 반갑게 맞이한다. 못이기는 체 집안으로 발걸음을 들이밀면 어느새 넉살좋은 주모가 빈대떡이며 파전이며 도토리묵이며 전통 먹거리로 가득한 술상을 올린다.

마치 오래된 친구처럼 허물없이 대해 주는 사람들과 어울리며 한국의 전통 주법대로 한 잔씩 주거니 받거니 하다 보니 어느새 방문객의 얼굴은 붉게 상기되어 거나하게 취기가 오르며 여독에 지친 피로가 씻겨 나간다.

한국 민속촌에서 연일 전통의 모습으로 펼쳐지는 용인민속장(龍仁民俗場)에서는 조선시대 여인들의 장신구와 남정네들의 장식품 등 전통 민속공예품을 기념품으로 구입할 수 있으며, 먹음직스러운 한국 고유의 음식을 한 곳에서 맛볼 수 있다는 점이 찾는 이들을 즐겁게 한다.

사람들로 붐비는 장터에 앉아 인절미 등의 떡을 맛보고 파전, 도토리묵, 빈대떡을 안주로 한 막걸리와 동동주 등 전통주를 한 사발씩 들이키면 어느새 이방인도 이들 토속민과 동화됨을 느낄 수 있다.

용인 민속장에서는 장가가는 신랑이 타고 가는 조랑말을 얻어 탈 수 있는 기회도 주어지며, 신부가 타는 꽃가마를 타고 한국식 전통혼례식도 치러 볼 수 있는 흥미만점의 프로그램도 마련되어 있다.

한국 민속촌 인근에는 한국 최대의 가족 오락단지인 용인 에버랜드가 위치해 있다.

전통혼례

(2) 전주한옥마을

전주시 완산구 풍남동, 교동 일대에 위치한 한옥마을은 전주의 명물들이 집합된 곳이다. 1977년 한옥마을 보존지구로 지정된 뒤 전통한옥지구 · 전통문화지역 · 전통문화구역 · 전통문화특구 등으로 불리다가 2002년 10월 '전주시 공공시설 등의 명칭 제정위원회'에서 지금의 이름으로 바꾸었다.

이곳에는 한국의 전통 건물인 한옥(韓屋)이 800여채나 밀집되어 있고 실제 주민들이 거주하며 생활한다. 옛 것을 그대로 간직한 전주한옥마을은 한국의 옛 전통을 맛볼 수 있는 곳으로 유명하고 한옥생활체험관, 전통술박물관, 동학혁명기념관, 공예품전시관, 명품관, 전통문화센터, 강암서예관, 태조 이성계의 어진을 모신 경기전, 한국 천주교 순교 1번지인 전주 전동성당, 풍남문 등이 볼거리이다. 과거 호남문화를 한 곳에서 볼 수 있다.

한옥마을 전경

한옥 마을 내 거리

(3) 제주민속촌(濟州民俗村, Cheju Folk Village)

옛 제주 마을의 생활상을 생생하게 살려 놓은 곳이다. 14만여 평의 대지 위에 산촌, 중산간촌, 어촌, 식물원, 장터, 어구전시장, 야외 전시장, 무속신앙지구, 관아, 무형문화재의 집 등을 정갈하고 깔끔하게 정돈해 놓았다.

해녀춤, 비바리춤 등이 하루 2차례에 걸쳐 민속공연장에서 공연되며, 무형문화의 집에서는 영상자료와 녹음자료를 이용해 제주도의 전설, 방언, 민요 등의 대표적인 무형문화재를 방영한다. 또한 민속촌 내의 장터에서는 빙떡, 그을려 잡은 돼지, 몸국백반, 오메기술 등의 옛맛을 맛볼 수 있다.

이곳저곳에 간간이 배치되어 있는 대장간, 연자방아, 서당, 한약방, 해녀의 집, 심방 집 등이 들려오는 제주 민요의 구성진 가락을 들으면 제주의 과거생활 속에 서 있는 자신을 느낄 수 있다.

(4) 성읍민속마을(城邑民俗村, Songup Folk Village)

섬나라 제주의 독특한 풍물과 마을 모습을 원형 그대로 보존하고 있는 마을이다. 남제주군 표선리에 위치하고 제주도가 삼현으로 나누어져 있던 1410~1914년까지 정의현의 현청이 소재했던 마을로서, 동부산간지대 마을의 특징이 남아 있다.

현재 민속자료보호구역으로 지정되어 300여 채의 집에 사람이 실제 생활하고 있는 민속촌이다. 현청이 있던 일관헌(日觀軒), 키가 작은 돌하르방, 현무암으로 건축된 성읍성지, 대나무와 억새를 사용한 지붕의 초가, 여러 가지 생활용구 등이 옛날 그대로 보존되어 있으며 일부는 일반에 공개되고 있다.

(5) 청풍문화재단지(淸風文化財團地, Chongpung Cultural Assets Complex)

청풍나루 위쪽 물태리에 자리한 청풍문화재단지는 충주호를 굽어보는 호수의 산마루에 충주댐 건설로 인하여 옛날의 화려한 이름만을 남긴 채 물에 잠기게 된 각종 문화재를 물태리 망월산성 기슭 16,500여 평의 부지 위에 복원하여 만든 작은 민속촌이다.

단지의 구성은 관아, 민가, 향교, 석물군 등으로 나누어 배치하였으며 옛고을의 모습을 축소·재현시켜 놓고, 특히 고가(古家) 내에는 1,600여 점의 우리 전통 생활유물을 전시하고 있으며, 한벽루, 금남루, 응청각과 청풍향교 등 보물 2점과 지방 유형문화재 10점 등이 있다.

(6) 안동 하회마을과 탈춤(Andong Hahoe Village and Mask Dance)

영국의 엘리자베스 여왕이 20세기 마지막 외국 공식순방에서 가장 한국적인 곳을 찾아 방문한 곳이 곧 안동화회마을이다. 한국 사람들은 안동하면 '하회탈'이 떠오를 정도로 안동을 유명하게 만든 것이 바로 이 마을에서 만들어지는 '하회탈'과 한국에서 가장 오래된 탈춤굿의 하나인 '하회별신(河回別神)굿놀이'이다.

안동군 풍천면 하회동은 '산태극, '수태극'을 이룬 민속마을로, 낙동강이 태극 형상으로 굽이치는 강가에 다소곳이 위치하고 있다.

안동 하회 마을

엄숙하고 조용한 선비의 마을로 옛 모습을 그대로 보존하고 있으며, 이곳은 '하회별신굿놀이'와 '하회탈'로 유명한 곳이기도 하다. '하회별신굿놀이'는 예로부터 하회마을에서 전승되어 온 것으로서 그 역사가 한국에서 가장 오래된 별신굿으로 꼽힌다.

하회마을은 명재상 유성룡(柳成龍) 일가가 크게 번창하며 살았던 곳으로 풍산 류씨가 대대로 살던 전형적인 동성 부락이다. 이곳은 사대부 집으로부터 하층계급의 가람집에 이르기까지 300~500년된 130여 호의 대소 고가들이 잘 보존되어 있는 민속마을이다.

조선 전기 이후의 전통적 가옥들과 영남의 명당지라는 풍수적 경관, 별신굿과 같은 고려시대의 맥을 이은 민간 전승 등 전통적 경관과 정신문화의 보존이 잘 어우러져 있어 마을 전체가 중요한 민속자료로 지정되어 있다.

별신굿에 쓰이는 탈은 하회에 살던 허도령이 신의 계시를 받아 만들었다는 전설이 전해 내려오는데, 그 내용은 다음과 같다.

하회탈에 얽힌 허도령전설

옛날 하회마을에 살던 허도령은 꿈 속에서 마을의 수호신으로부터 탈을 만들라는 계시를 받았다. 그래서 그는 목욕재개한 후에 외부사람이 출입하지 못하도록 대문에 금줄을 친 다음 혼신의 힘을 다해 탈을 제작하였다.

그런데 이 마을에는 허도령을 사모하는 한 처녀가 있었다. 그녀는 여러 날 동안 허도령의 모습이 보이질 않자 안달이 났다. 그래서 그녀는 견디다 못해 밤중에 허도령의 집을 찾아가 보았는데 대문에는 금줄이 쳐져 있는 것이 아닌가. 그녀는 그 금줄이 외부사람의 출입을 금하기 위해 쳐 놓은 것임을 알고 있었으나 허도령을 보고 싶은 마음을 주체할 수 없어 그만 대문을 열고 살그머니 문 안으로 들어섰다.

꽤 늦은 밤이었지만 허도령의 방에서는 불빛이 새어나오고 있었다. 그녀는 허도령의 방문 앞으로 살금살금 다가갔다. 그리고는 손가락에 침을 묻혀

방문에 바른 창호지에 구멍을 뚫고서 방안을 들여다보았다. 순간 그녀는 '어마나!'하고 자신도 모르는 사이에 짧은 신음소리를 내고 말았다.

허도령이 무아경에 빠져 탈을 만들고 있었는데, 그 모습이 너무나 아름답고 황홀하게 보였기 때문이다. 이제까지 저토록 빼어난 허도령의 모습을 본 적이 없었기 때문이었다.

이때 허도령은 마지막으로 이매탈을 만들고 있었다. 그런데 그가 인기척을 느끼고 방문쪽으로 고개를 돌리는 순간, 그는 그 자리에서 피를 토하면서 죽고 말았다. 그 처녀가 몰래 훔쳐보는 바람에 신의 노여움을 샀던 것이다.

하회탈 중에는 오직 이매탈만이 턱이 없는데, 이는 허도령이 이매탈의 턱을 완성하지 못한 채 죽고 말았기 때문이라고 한다.

그리고 이렇게 해서 만들어졌다는 하회탈은 모두 12개로 이루어졌으나, 3개가 없어진 채 지금은 9개만이 남아 국보 제121호로 지정되어 있다.

이러한 연고로 하회마을에서는 억울하게 죽은 허도령의 넋을 달래기 위해 그 후 해마다 제사를 지내고 있으며, 별신굿은 허도령의 넋을 위로하고 마을의 평안을 기원하기 위해 하게 되었다고 한다. 이 탈놀이는 한국에서 가장 오래된

가면극의 하나로 꼽히고 있는데, 3년이나 5년 혹은 10년마다 한 번씩 음력 정초에서 대보름까지 행해 왔다.

예로부터 '별신굿을 보지 못하면 죽어서 좋은 곳에 가지 못한다'는 말이 있어서 별신굿놀이가 벌어지면 하회마을 일대는 물론이고 먼 지방에서까지 많은 사람들이 찾아와 구경했다고 한다.

특히 이 놀이는 허울 좋은 지체만을 자랑하는 양반들과 속 빈 선비 그리고 파계승을 신랄하게 야유하고 비판하는 내용으로 꾸며져 있는 게 특징이다.

2) 한국의 전통건축양식

(1) 지붕양식

우리나라 지붕의 재료는 짚, 나무껍질, 기와 등을 사용하였고, 특히 상징적인 여러 무늬를 기와에 사용하였다. 또한 지붕위에는 취두, 용두, 잡상 등을 두었고 귀면 등을 장식하여 큰 건물의 지붕을 더욱 장중하게 하는 맞배지붕, 우진각지붕, 팔작지붕 등을 사용하였다.

지붕양식

▪ **맞배지붕**

가장 간단한 형식으로 주심포 양식에 많이 쓰이며 처마 양끝이 조금씩 올라가고 측면은 대부분 노출되는 구조미를 이루어 수덕사 대웅전, 무위사 극락전, 부석사 조사당, 개심사 대웅전, 선운사 대웅전 등이 있다.

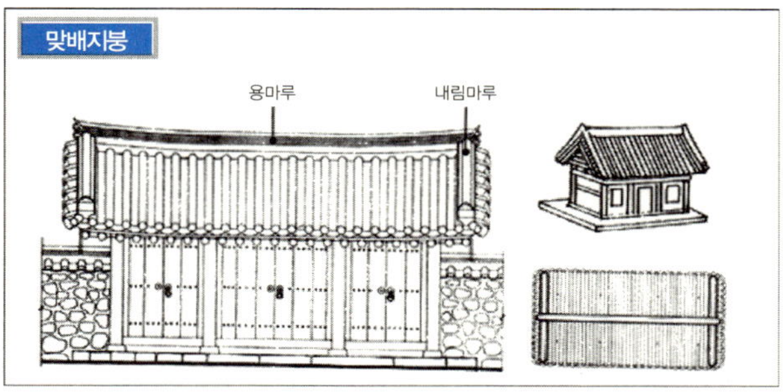

■ 우진각지붕

지붕면이 전후좌우로 물매를 갖게 된 지붕양식으로 지붕면 높이가 팔작지붕보다 높게 되어 있는 해인사 장경판고 등이 있다.

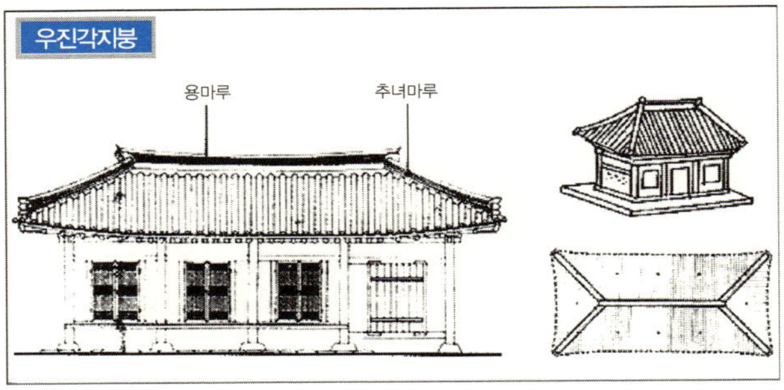

■ 팔작지붕

가장 아름다운 구성미를 지닌 지붕으로 곡면이 특이하여 부석사 무량수전, 통도사 불이문 등이 있다.

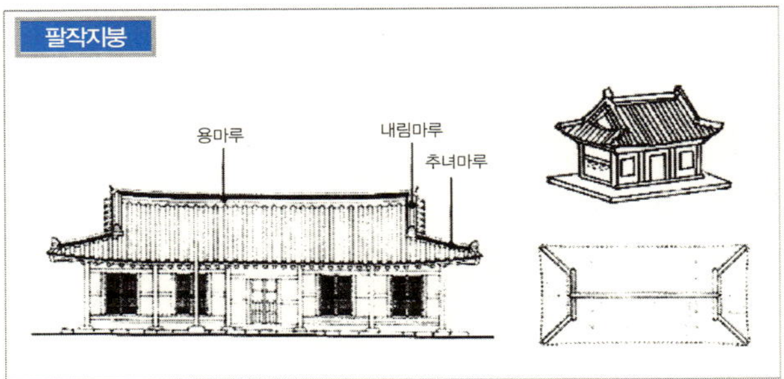

(2) 공포(栱包)양식

지붕 하중을 기둥으로 전달하는 부재료로서 기둥으로부터 처마까지의 시선의 흐름을 원활히 해주며 시대구분에 매우 중요한 요소로 주심포 양식, 다포 양식, 익공 양식과 일부 남아 있는 하앙 양식도 포함한다.

공포양식

▪ 주심포(柱心包) 양식

매우 큰 양간(樑間)을 가지고 건물 내부에 기둥이 없는 넓은 공간을 만드는 데 적합한 가구(架構) 수법을 사용한 공포형식의 건축으로 쉽게 말해 기둥 위에 주두를 놓고 주두 위에만 두공(枓栱)을 쌓아 올린 형태이다.
이 주심포 양식은 고려초기에 신라와 송의 건축양식을 바탕으로 주두 위에만 짜는 양식이다.

• 특징

기둥 위에 바로 주두를 놓았고 치목이 아름답게 되어 있으며 천장은 연등천장을 하였다. 전통 목조건축의 가구형식 중 가장 오래된 형식으로 소박한 느낌을 준다. 배흘림 기둥에 간단한 맞배지붕을 하고 있다.

• 건축물

- 고려 중기 : 봉정사 극락전, 부석사 무량수전
- 고려 후기 : 수덕사 대웅전(1308), 부석사 조사당
- 조선 초기 : 은혜사 거조암 영상전, 무의사 극락전(1746), 도갑사 해탈문(1473), 정수사 법당, 송광사국사전 및 하사당, 고산사 대웅전
- 조선 중기 : 봉정사 화업강당 및 고금당

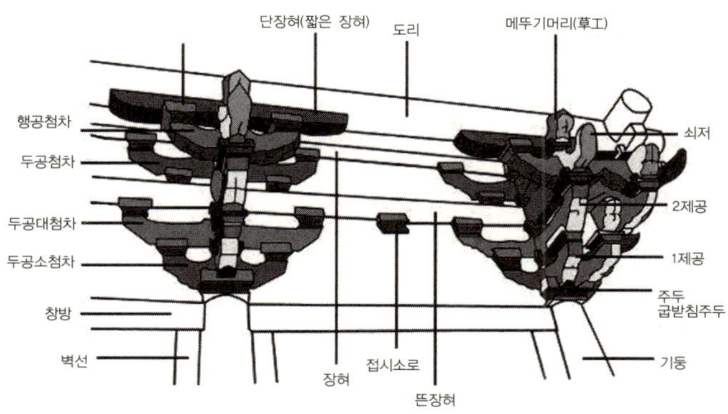

주심포양식구조

▪ 다포식(多包式) 양식

기둥 위와 기둥 사이에도 포가 놓인 공포형식으로 두공이 많아서 기둥 머리 위, 기둥과 기둥 사이에 공간포(空間包)라는 두공을 배치한 것이 다포양식이다. 다포식 양식은 고려후기에 기둥 위에만 짜여지지 않고 기둥사이 공간에도 창방 위에 두꺼운 평방을 더 올려놓은 양식이다.

• 특징

교두형 첨자를 사용하며 배흘림이 심하지 않고 건물을 장중하게 보이게 하기 위해 포작도 여러 층 겹쳐 짜고 팔작지붕으로 하고 있다.

• 건축물

–고려 후기 : 심원사 보광전(1374), 석왕사 응도전(1386)
–조선 초기 : 서울 남대문(1448), 봉정사 대웅전, 율곡사 대웅전
–조선 중기 : 전등사 대웅전(1621), 법주사 팔상전(1624), 내소사 대웅전
–조선 후기 : 불국사 극락전(1751), 대웅전(1765), 해인사 대적광전(1796)

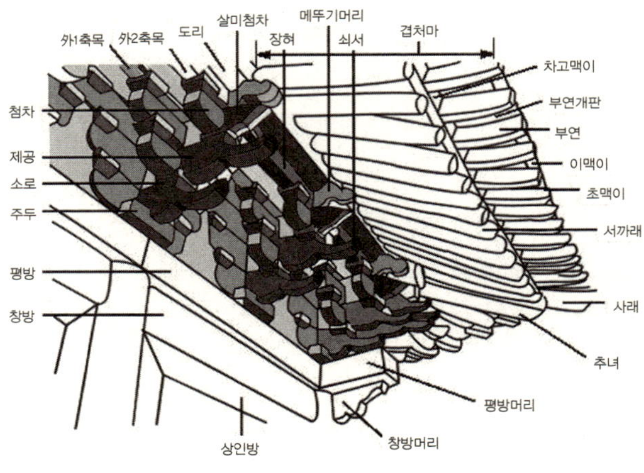

다포식양식구조

▪ 익공(翼拱)양식

주두(柱頭)와 소루(小累)의 굽은 사면으로 만들어지며 평방(平枋)과 주간포작(柱間包作)이 없으므로 간단한 주심포집에 가까운 외형을 갖추었으나, 출목(出目)이 없는 것이 보통이고 대규모의 건축에는 외부에 1출목을 두는 경우도 있다.

조선초기에 주심포 양식을 간략화한 것으로 기둥 위에 새 날개처럼 첨차식 장식을 장식효과와 주심도리를 높이는 양식이다.

• 특징

장식 부재가 하나인 초익공 또는 익공과 부재를 두 개 장식한 이익공이 있어 관아, 향묘, 서원, 지방의 상류 주택에 많이 사용되었다.

• **건축물**
–조선 초기 : 옥산서원 독락동(1532, 초익공), 강릉 오죽헌(이익공)
–조선 중기 : 서울 동묘(초익공), 서울 문묘 명륜당(1606, 이익공)
–조선 후기 : 경복궁 향원정, 수원 화서문(1796)

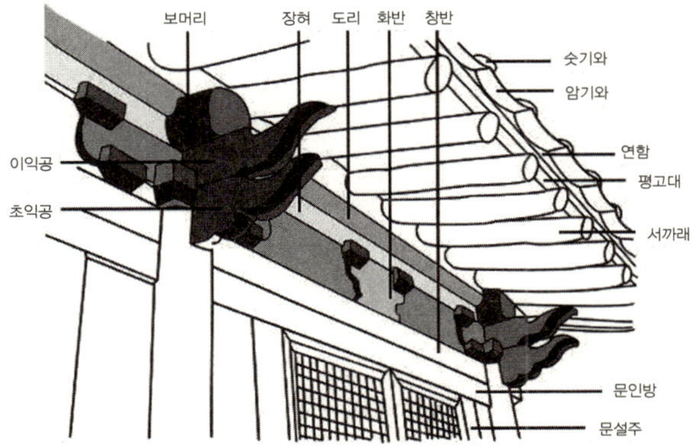

익공양식구조

기둥양식

기둥을 단면형태로 구분하여 보면 원기둥과 각기둥이 있고 위치에 따라 구분하면 건물의 외곽에는 외진주가, 내부에는 내진주가 있다.

▪ 단면형태(기둥깎는 기법)에 따른 분류

• **원(圓)기둥**
–원통기둥 : 기둥 위부터 아래까지 일정한 굵기
 · 건축물 : 송광사 국사전, 내소사 대웅보전
–민흘림기둥 : 안정감과 착각교정을 하기 위해 기둥 위보다 아래가 굵은 기둥
 · 건축물 : 개암사 대웅전, 쌍봉사 대웅전, 화엄사 각황전, 서울 남대문
–배흘림기둥 : 육중한 지붕을 안전하게 지탱하고 있는 것처럼 보이게 기둥 높이의 1/3 정도에서 가장 굵어졌다가 다시 차츰 가늘어 시각적 안정감을 주는 기둥

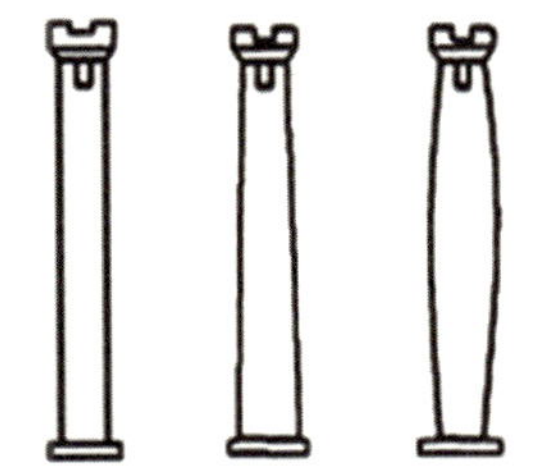

 · 건축물 : 부석사 무량수전과 조사당, 무위사 극락전, 봉정사 극락전과 대웅전, 해인사 대장경 판고, 은해사 거조암 영산전

· 배치도

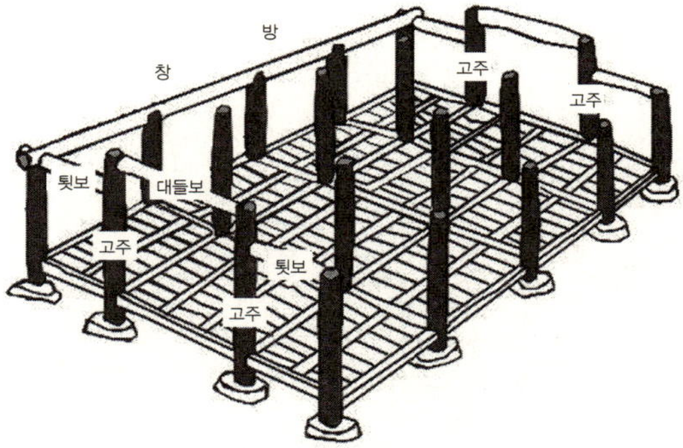

• **각(角)기둥**

–민4각주(四角柱) : 일반주택이나 장식이 덜한 건축물에 사용
 · 건축물 : 정림사지탑, 익산 미륵사지탑, 경회루 향원정
–6각주(六角柱) : 건축물 평면이 6각인 정자 건축물에 사용
 · 건축물 : 경복궁 향원정
–8각주(八角柱) : 장식이 많은 건축물에 사용
 · 건축물 : 쌍용총 8각석주, 석굴암 8각석주

5. 문화 · 교육시설

1) 문화시설

(1) 세종문화회관(世宗文化會館, Sejong Center for the Performing Arts)

서울 특별시 종로구에 위치한 문화예술 공간으로 1972년 서울 시민회관이 불타 없어진 뒤 서울 시민을 위한 문화공간으로 활용하기 위해 1974년 착공하여 1978년에 준공, 개관하였다. 지하 3층, 지상 6층의 건물로 건축양식은 한국의 옛 건축양식을 현대적 감각에 맞게 변용하여 웅장하면서도 우아한 느낌을 갖도록 하였다. 원래는 서울시가 운영하였으나 현재는 파라다이스 그룹이 인수운영하고 있다.

시설은 대극장 · 소극장 · 미술관본관 · 미술관별관 · 미술관신관 등 기본시설과 컨벤션센터 · 콘퍼런스홀 · 소회의실 · 분수대광장 · 데크플라자 · 삼청각(三淸閣) 등 부대시설로 이루어져 있다.

세종문화회관

서울시 소속인 서울시 국악관현악단, 서울시 청소년 국악관현악단, 서울시 합창단, 서울시 소년소녀 합창단, 서울시 유스 오케스트라, 서울시 무용단, 서울시 뮤지컬단, 서울시 극단과 서울시 오페라단이 상주 단체로 활동하고 있다.

(2) **예술의 전당**(藝術—殿堂, Seoul Art's Center)

서울 서초구 서초동 우면산(牛眠山) 일대에 자리잡은 복합예술센터로 문화적 주체성을 확립하고 한국문화예술의 국제적 연대성을 높이기 위해 1982년부터 추진되어온 '예술의 전당 건립계획'에 따라 세워졌다. 1988년 1단계(음악당 · 서예관) 개관을 하였고, 나머지는 단계별로 개관하였다. 600억 원의 공사비(한국방송광고공사의 공무자금)로 축제극장 · 음악당 · 미술관 · 자료관 · 교육관 등 예술전반을 수용할 수 있는 실내공간뿐만 아니라, 원형광장 · 만남의 거리 · 전통한국정원 · 야외극장 및 장터 등 옥외공간까지 두루 갖춘 세계적인 수준의 시설이다. 중심이 되는 축제극장은 한국문화의 한 핵심을 이루는 선비정신을 본뜬 갓 모양의 원형건물이고, 음악당은 부채모양으로 설계되었다. 국립 단체인 국립발레단과 국립오페라단, 국립합창단, 국립현대무용단과 사설 단체인 코리안 심포니 오케스트라와 서울 예술단이 상주 공연예술 단체로 활동하고 있다. 그 외에도 한국문화예술위원회와 전국문예회관연합회가 상주 기관으로 등록되어 있다. 음악당 콘서트 홀은 KBS 교향악단과 강남 심포니 오케스트라 등의 정기연주회 공연장으로도 이용되고 있다

2) 안보교육자원

(1) 판문점(板門店, Panmunjom)

예전에는 독개다리라고 불렀던 자유의 다리를 건너서 남쪽 사람이 갈 수 있는 최북단인 곳이 판문점이다. 1971년 성탄절을 맞아 개통된 통일로를 따라 북으로 50km 지점에 위치한 판문점은 1953년 7월 27일 휴전협정이 이루어진 곳으로 민족분단의 참담한 아픔을 적나라하게 안고 있는 세계적으로 그 이름이 널리 알려진 곳이기도 하다. 판문점 북방에는 돌아오지 않는 다리와 온갖 잡초가 무성하게 엉킨 장단역이 6 · 25전쟁의 참담한 혈전을 그대로 반영이라도 하듯 기관차 전신이 포화로 벌집이 된 채로 버려져 있었으나, 최근에는 남과 북을 잇는 유일한 길목 역할을 하고 있다.

출입허가가 필요하며 3개월 전에 주소지 시 · 군 · 구를 경유하여 군사정전위원회에 허가를 받아야 출입이 가능하다.

판문점 자유의 집

(2) 육군사관학교(陸軍士官學校, Military Academy)

이곳의 가장 화려한 빅 이벤트는 사관생도들의 절도 있는 모습과 기풍을 엿볼 수 있는 퍼레이드(토요일 10 : 00~13 : 00)이다. 토요일에 이곳을 찾는다면 화랑연병장에서 진행되는 화랑의식과 생도 퍼레이드 등 각종 행사를 관람할 수 있을 것이다.

태릉 벌의 광활한 숲 속에 자리잡은 육사 캠퍼스. 이곳에는 고대와 현대의 군사문화재를 전시하고 있으며, 육사생활을 담은 영화를 상영하는 육군박물관과 생도생활 때의 기념품 및 64km 전망대를 갖춘 육사기념관이 있다.

그리고 한국전쟁 당시 크게 활약한 소형 비행기와 미사일 등이 전시되어 있는 야외 전시공원과 육사 및 사관생도의 상징 기념물을 저렴한 가격으로 판매하는 기념품센터도 있다.

(3) 청남대(靑南臺)

1983년부터 약 20여년간 대통령의 휴양지로 이용되어 오다 일반인에게 공개되었다. 남쪽에 있는 청와대라는 의미로 청남대(靑南臺)라 칭한다.

청남대는 대청호수변에 위치하여 약 4,000여 그루의 조경수와 130여종의 야생화 20만 본이 식재되어 있다. 단체는 방문 전 예약이 필요하고 개인은 청원군 문의면 버스터미널에서 셔틀버스를 이용한다.

(4) 국립묘지(國立墓地, National Cemetery)

삶의 깊이와 의미를 되새겨 보는 명상의 장소이다.

서울 동작동 일대의 42만여 평의 광활한 임야에 자리한 국립묘지(國立墓地)는 16만여 영령들이 잠들어 있는 곳으로 장군, 애국지사, 전사자, 파월전사자, 종군전사자, 경찰, 국가유공자 및 외국인 등으로 묘역이 각기 나누어져 있다.

또 이곳에는 각 시 · 도별로 상징적 공원이 마련되어 제각기 고장의 아름다운 모습을 보여주고 있으며, 현충탑을 비롯하여 현충문, 전쟁기념관, 경찰충혼탑 등이 영령들의 명복을 빌고 있다.

연중무휴 개방되고 있는 이곳에는 영령들의 넋을 위로하는 참배객들의 발길이 끊이질 않는다.

(5) 파주 캠프 그리브스

캠프 그리브스는 6 · 25전쟁 직후인 1953년 7월부터 50여년 간 미군이 주둔했던 곳으로 22만 5000㎡ 규모다. 특히 이곳은 비무장지대와 불과 2km 남짓 되는 곳에 위치한 군사적 요충지다. 지난 2007년 우리나라에 반환돼 군사시설로 활용돼 왔다.

임진강변에 위치해 생태관광자원으로서의 가치도 높은 이곳은 미군이 사용하던 막사와 사무실, 체육관, 강당 등은 그대로 활용해 예산을 절감하고 미군기지 본연의 모습을 살린 독특한 체험공간으로 조성했다.

CHAPTER

5

산업적 관광자원

1. 개념과 종류
2. 농림수산자원
3. 공업자원
4. 상업자원

Chapter 5

산업적 관광자원

1. 개념과 종류

산업관광은 1차, 2차 3차 산업의 현장을 대상으로 관광을 하는 행위이고 이때 대상이 되는 농업, 임업, 수산업, 공업, 상업 등 각종 산업시설을 산업적 관광자원이라 한다.

내국인에게는 자국의 산업수준에 대한 감동과 자신의 지식확대, 교양 및 자기확대의 욕구를 충족시키고 자부심을 갖도록 하며 외국인 관광객에게는 경제적, 기술적 교류를 시도하려는 목적에서 세계 각국에서 적극적으로 유치하고 있다.

또한 산업관광은 기술과 지식습득을 주 내용으로 하는 건전관광이며, 계절, 성별 차이를 두지 않는 관광이므로 성수기와 비수기가 없는 탈 계절 관광상품이다. 또한 부가가치가 다른 부분보다 월등히 높기 때문에 세계 각국은 산업관광자원을 개발하여 적극적으로 홍보하고 있다.

이러한 산업관광자원을 하나의 관광자원으로 활용하기 시작한 것은 1952년 프랑스와 독일에 의해 비롯되었다. 이것이 덴마크, 네덜란드, 미국, 캐나다, 일본 등의 선진국 등에서 널리 발전되었는데, 이들 나라들의 관광농업은 농촌공원, 농촌박물관, 과수공원, 농원호텔, 화훼센터, 국민휴가촌 등으로 다양하게 발전했다.

산업적 관광자원의 개발목적은 한 나라의 공업발전상은 물론 각종 농, 축, 어업 등의 국가산업수준을 외래 관광방문객들에게 현장소개와 경험을 시킴으로써 그 공장의 생산공정과 생산제품 및 기술정보를 평가할 수 있게 하고, 국가 이미지를 쇄신시켜 국제사회에 있어서도 확고한 지위를 구축, 향상시키는 데 큰 선전효과를 노리고 있다.

현재 국내 산업관광은 제조업 중심의 단순 산업시찰 형태로 운영되고 있고 시장규모면에서도 매우 미흡해 국내 산업관광 시장점유율은 3% 내외 약 110만 여명 실정인 반면, 유럽 등 산업관광 선진국에서는 국가산업과 기업을 활용한 관광자원화를 확대하고 있는 실정이다.

이에 따라 정부에서도 융·복합 고부가가치 산업관광의 체계적 육성을 위한 활성화 방안을 마련하여 추진하고 있다.

•표 5-1

자원유형	내용
농림수산관광자원(1차산업)	• 농업관광자원 : 농장, 목장, 농원, 과수원, 주말 농장 • 임업관광자원 : 자영휴양림, 수목원 • 수산관광자원 : 관광어촌, 갯벌 체험관광 등
공업관광자원(2차산업)	• 제조업의 기계설비, 제조공정, 공장부설 연구소, 후생복지시설 • 공업단지, 옥포조선소, 포항종합제철, 대덕연구단지
상업관광자원(3차산업)	• 재래시장 : 상설시장, 정기시상, 소매상가 • 백화점, 쇼핑센터 • 면세점, 보세판매점 • 박람회, 전시회

자료 : 역자 재구성

2. 농림수산자원

농업, 임업, 수산자원 등을 말하며 생태관광과 연계하여 많은 잠재성을 인정받으며 활성화되고 있는 분야이다.

농림수산관광자원은 최근 녹색관광과 친환경 관광이 중요하게 여겨지게 여겨지는 사회적 흐름과 맞추어 자연과 멀어져가는 도시민들이 농어촌 체험을 통해 우리 농수산물의 소중함을 깨닫고 그곳의 자연학습과 체험을 통해 상호 이해를 촉진하며 농어촌의 소득증대, 지역경제 활성화, 농어촌과 도시의 상호 교류 추진, 농어촌지역의 삶의 질 향상, 환경보존 등의 효과를 기대할 수 있다.

1) 광릉 산림박물관

광릉 산림박물관은 경기도 포천시 소흘면 광릉수목원로(직동리) 국립수목원 내에 있는 산림박물관이다. 산림과 임업에 관한 자료의 수집과 보존, 전시, 산림에 대한 홍보와 현장 교육을 목적으로 1987년 4월 5일에 개관하였으며, 박물관 총면적은 4,268㎡로 총 2개 층으로 구성되며, 1층은 1개의 상설 전시실과 연구실 그리고 특별전시실이, 2층은 4개의 상설전시실과 시청각실이 위치한다. 이 중 전시실은 주제별로 5개의 전시실로 나뉘며, 각 주제에 따라 박물관에 소장된 산림관련 유물 8,000종 11,000여 점 중 1,600여 점이 전시되어 있다.

자연학습과 함께 삼림욕을 만끽할 수 있는 곳으로서, 희귀한 나무들이 빽빽이 들어 차 있다. 이 박물관은 잣나무와 낙엽송을 사용한 목재 건물로 꾸며져 나무의 결과 향기를 맡으며 내부시설을 구경할 수 있다.

2) 삼양목장

삼양목장은 대관령 횡계리 강원도 평창군 대관령면 횡계 2리 산 1-107번지에 위치하며 해발 850m에서 1,470m 높이의 약 1,980만㎡ 초지에 조성된 목장이다. 여의도 면적의 약 7.5배에 달하며, 동양에서 가장 큰 목장이다. ㈜삼양축산이 운영하는 곳으로 원래는 개인의 출입이 금지되었던 곳이지만 2001년 기업 홍보차원에서 개방하기 시작하였다. 드넓은 초원과 목가적인 분위기를 갖추고 있어 새로운 관광지로 떠올랐으며 빼어난 경관을 배경으로 여러 영화와 드라마가 촬영하기도 하였다.

목장의 정상인 황병산은 동쪽으로 강릉 경포대, 주문진, 연곡천, 청학동, 소금강 계곡을 볼 수 있고 서쪽으로는 목장 전경이 한눈에 펼쳐보인다.

3) 하전 갯벌 체험마을

전라북도 고창군 심원면 하전리에 있는 체험 마을로 해양수산부가 지정한 아름다운 어촌 100개소로 선정된 독특한 갯벌의 아름다움을 자랑하며 광활한 갯벌에서 수확하는 바지락 생산량은 연간 10,000여톤에 이르며 전국 최고의 규모이다. 2003년 해양수산부 어촌체험마을 조성 사업지로 선정되었으며 2004년 5월 갯벌 생태 체험 학습 관광객의 편의를 위해 갯벌체험안내센터를 신축하여 현재 운영 중에 있다. 10㎞의 해안선과 함께 12㎢에 이르는 광활한 갯벌과 함께 갯벌체험안내센터, 관광객들을 위한 넓은 주차장, 갯벌 체험 후 씻을 수 있는 세족장 등으로 구성되어 있다. 마을 경제활동의 주축을 이루는 하전 어촌계는 어촌계원 169명으로 구성되어 있고 어촌체험마을 조성사업의 주체로서 적극적으로 마을을 이끌어 나가고 있다.

체험마을에서는 갯벌 택시 타기, 바지락 캐기, 갯벌 스포츠, 망둥어 잡기 등 다양한 체험을 즐길 수 있고 이중 갯벌 택시는 경운기를 개량하여 질퍽한 갯벌 위에서 달릴 수 있도록 만든 택시로 여행객들에게 좋은 추억을 만들어 주고 있다. 갯벌 스포츠로는 갯벌 축구, 갯벌 씨름, 축구공 릴레이, 갯벌 줄다리기 등을 특히 많이 즐기고 있으며 주요 특산물로는 바지락, 풍천장어, 김, 대하, 굴, 해풍 복분자 등이 있다.

4) 함평 자연생태공원

전라남도 함평에 생태체험 학습공간으로 만들어진 공원이다. 이 공원은 오감만족의 체험관광 수요에 능동적으로 대처하기 위하여 난 보존 육성사업과 함께 나비 · 곤충 · 우리꽃 등이 어우러진 친환경 자연생태공원이다. 나비 · 곤충표본전시관 등 전시관 5종과 12종의 관람시설, 청소년야영장 및 각종 편의시설을 조성하고 봄에는 대한민국 난 대전, 가을에는 대한민국 국향대전 행사가 열린다.

또 함평군에서는 매년 5월 나비축제를 개최해 연간 100만 명의 관광객이 방문하고 있는데 나비축제 기간에는 나비엑스포입장권이 있으면 자연생태공원 입장이 무료이니 두 곳을 연계하여 둘러보면 좋다.

3. 공업자원

산업적 관광자원은 주로 공장시설과 공업단지를 의미한다. 현대산업국가에 있어 주요 관광자원 가운데 하나이며, 이 같은 시설 가운데는 공장기계설비, 경영조직, 운영관리상태, 제조공정, 공장부설기술연구소, 경영이념, 사원교육, 후생시설 등의 모든 것이 포함된다.

공장시설을 견학, 시찰하는 산업관광은 방문국의 산업수준을 이해시키는 관광으로 국제무역, 국제경제협력을 직접, 간접으로 증진, 확대시키는 중요한 전기를 마련할 뿐만 아니라 국위선양에도 크게 이바지하게 된다.

공업관광은 주로 기술 선진국에서 많이 실시하고 있으며 우리나라의 경우는 포항종합제철, 현대자동차, 삼성전자공장 등이다.

1) 포항제철(POSCO)

포항제철은 1968년 4월 1일 출범한 이후 짧은 역사에도 불구하고 조업, 생산, 경영 등 전반에 걸쳐 세계 철강업계의 상위권으로 성장했다.

이 공장에서는 폭 1m, 두께 10cm 안팎의 두꺼운 철판들이 길이 1km가 넘는 얇은 철판으로 만들어지는 과정을 자세히 관찰할 수 있다. 제철소 견학의 백미이다.

1973년 7월 조강연산 103만톤 규모의 포항 1기를 준공한 이후 포항제철은 1992년 10월 광양 4기 준공까지 지속적으로 설비를 확장, 창립 4반세기만에 조강산 2080만톤 규모를 갖춘 세계 2위의 철강기업으로 발돋움하여 세계의 철강업계와 어깨를 나란히 하고 있다.

포항제철은 창립이래 제철소 건설 및 설비확장을 위해 정부로부터 출자받은 2737억원을 투자하여 지난 20여년간 뛰어난 경영실적을 올리면서 총 자산규모 11조 5858억원의 대형 기업으로 성장하였다. 이같은 포항제철의 자산규모는 포항제철소 1기 준공연도인 1973년의 1373억원에서 연평균 24.8%의 신장률을 기록하면서 무려 84배나 증가한 셈이다.

또한 포항제철은 포항 및 광양의 광양제철소 건설에 따른 막대한 소요자금의 조달에도 불구하고 자기자본비율이 43.6%로 국내 최고수준을 자랑하고 있다. 특히 광양제철소는 1993년 총 1215만톤의 조강을 생산, 단위 제철소별 조강생산 실적순위에서 세계 1위를 차지했으며, 이같은 포항제철의 급속한 성장과 더불어 한국은 일본, 구소련, 중국, 미국, 독일에 이은 6대 철강대국으로 부상했다.

개별방문객은 매주 월요일 오전 9시 30분까지 포항제철홍보센터에 도착하여 신분증만 제시하면 된다. 단체방문객은 일주일 전 전화나 팩스, 우편 등으로 통보해야 한다. 단체견학은 평일과 토요일 오전에만 가능하다.

2) 울산현대자동차 · 현대중공업

울산은 1966년에 특정 공업지역으로 지정되었으며 정유공장, 자동차공장, 조선공장 등과 석유화학제품 공장들이 들어서 우리나라 대표적인 공업도시로 발전하였다.

현대자동차는 1967년 12월에 설립되어 생산량 중 3분의 2를 캐나다, 영국, 쿠웨이트, 칠레, 홍콩 등지에 수출하고 있으며 최신 시설을 설비하여 세계적인 자동차 메이커로 성장하였다.

현대중공업은 1972년 3월에 착공하여 총부지 270만평에 종업원 약 3만 명이 넘는다. 각 공장에서 조립된 블럭을 배의 크기에 따라 4개월에서 5개월가량 조립 · 용접하여 도크 끝에 있는 수문을 열면 물이 가득 차 배가 물에 뜬 다음 예인선으로 끌어내 의장 안벽에 정박한 후 내부시설을 한다. 도크에 가득찬 물을 퍼내기 위해서는 고압 양수기로 10시간 정도 걸린다고 한다. 그 중 제3도크는 길이가 660m, 너비 92m, 깊이가 13.2m로서 백만 톤급 배를 만들 수 있다.

도크 위에 거대한 구름다리 모양의 크레인이 있는데, 현대중공업의 상징이다.

4. 상업자원

시장이나 상업시설, 상업중심지는 본연의 가능이외에도 관광객에게 다양한 볼거리를 제공하는 장소로 변모하고 있다.

과거처럼 쇼핑이 관광의 부수적 행위가 아니라 숙박, 식사, 여행 등 기본적 요소와 동등한 위치에 이르렀다는 점에서 관광객을 대상으로 하는 쇼핑은 재평가되고 있다.

과거에는 관광을 아름답고 이국적안 관광자원을 감상하고 편안히 휴식을 취하는 것으로 한정했으나 근래에는 기념이 될 수 있고 품질이 좋은 상품을 살 수 있는 기회를 가지고자 한다. 이처럼 문화, 역사, 자연관광자원 외에 쇼핑자원이 추가됨으로 관광객의 욕구를 충족시키고 더욱 만족스러운 관광을 보장할 수 있다. 이런 과정을 더욱 촉진시키기 위해 상품의 견본을 전시 판매하는 박람회, 전시회 같은 행사들이 개최되기도 하고 화려한 백화점이나 면세점에서 고급스러운 분위기와 대대적 할인 행사로 관광객을 유혹하기도 하며 전통시장은 특유의 서민문화와 역사가 결합된 분위기로 관광객에게 어필하고 있다. 관광산업을 국가기간산업으로 육성하고 있는 많은 나라들은 특히 홍콩, 싱가포르, 태국 등지는 과거와 같은 관광지로 명성을 얻는 것이 아니라 값싸고 품질 좋은 상품을 판매하는 쇼핑관광지로의 이미지가 더 높아지고 있다. 이제 쇼핑은 외화획득을 통한 국제수지의 개선과 지역경제의 활성화, 지역주민의 소득 및 고용증대, 세수확보 등의 차원에서 큰 역할을 하고 있다.

1) 재래시장

(1) 성남 모란장(牡丹場, Sungnam Moran Market Place)

모란장은 1970년 초부터 시작된 서울의 도시 재개발로 사람들이 성남시로 이주하며 수진교와 대원천 길가에 장이 형성되기 시작하여 1974년에 본격적으로 개장되었다고 한다. 서울에 인접한 관계로 서울에서 가족단위로 나들이 삼아 이곳을 찾는 이들이 많은데, 어른들에게는 고향의 정취를 느끼게 하지만,

이 같은 이색풍물을 접해 보지 못한 자라나는 자녀들에게는 커다란 산교육의 장으로 활용되고 있다.

매 4일과 9일(4, 9, 14, 19, 24, 29일)이면 어김없이 장이 서는 모란장에는 전국에서 생산되는 온갖 물건이 다 모여드는 초대형 만물상이다.

잡곡과 의류, 과일, 야채를 비롯해 생선, 약초, 잡화류, 화훼, 음식, 애견, 고추, 마늘류, 닭, 오리를 포함한 가축류에 이르기까지 온갖 품목들이 선보이고 있다.

특히 모란장에서 절대로 빼놓을 수 없는 풍경 중의 하나는 가축전인데, 소전이나 닭, 오리도 볼 만하지만, 한쪽 귀퉁이를 차지하고 있는 이색풍경이 있다. 개들이 꽃단장을 하고 새 주인을 기다리고 있는 모양새인데, 어떤 놈은 꼬리를 치며 아양을 떨고, 어떤 놈은 촉촉한 눈망울로 동정표를 사기도 한다. 세월이 흐름에 따라 수진동의 장터가 비좁아져 1990년 성남동 대원천 하류 지역인 지금의 장터로 이전하였다. 2015년 현재 면적은 1만 1,000여㎡, 노점 950여 개 점포로 구성되어 있다. 상설모란시장도 있고, 5일장이 서는 곳은 평일에 주차장으로 활용되고 있다.

(2) 약령시장(藥令市場, Herb Medicine Market)

대구 중구 남성동에 위치한 대구 약령시는 조선시대부터 전국적으로 이름난 국내 제일의 약재시장이었다. 대체로 1650년대에 개시되었으리라는 것이 전문가들의 견해이며, 그 후 구한말과 일제시대를 거치는 동안 제도의 변경과 다소 기복이 있었지만, 대체로 봄과 가을에 열흘 정도 열렸었다.

대구 약령시의 전성기 때에는 국내는 물론 일본, 중국에까지 널리 알려져 그곳에서 상인들이 약재를 사러 오곤 했다.

그러던 약령시가 서양의학에 밀려 지금은 쇠퇴하여 30~40여개의 한의원과 다수의 한약방이 있는 약전골목으로 칭하며 옛 잔영을 간직하고 있다. 근래들어 한약에 대한 일반인에 대한 관심이 높아지면서 약전골목은 차츰 옛 명성을 회복해가고 있으며, 최근에는 약령시회관이 건립되어 새롭게 활기를 띠고 있다.

약령시회관은 3층 건물로, 1층에는 한약재 도매시장이, 2층에는 약령시전시관, 3층에는 전통문화공간이 각각 꾸며져 있다. 특히 한약제시장은 매월 1일부터 5일에 한 번씩 서며 전국의 한약제가 모두 이곳으로 들어온다.

2) 현대시장

(1) 남대문시장(南大門市場, Namdeamun Market)

국내에서 가장 오랜 역사와 최대 규모를 갖춘 재래시장으로 국내외 관광객은 누구나 한 번쯤 꼭 찾게 되는 서울의 쇼핑명소이다. 발판을 두드리는 희한한 장단(속칭 다다구리)이 남대문시장을 들러간 외국인들의 입을 통해 퍼져나가면서 남대문시장은 한국관광의 명소가 되었다.

조선시대 태종조에 지금의 남창동에 대동미, 포전의 출납을 맡던 선혜청이 들어서면서 시장의 형태가 생기게 되었는데, 이를 '남문안장, 신창안장'이라 불렀다.

그러다가 일제 때에는 중앙물산시장으로, 해방 후엔 군용물자 중심의 자유시장으로 이어오다가 6 · 25전쟁 후 '남대문시장 주식회사'가 정식으로 설립되면서 남대문시장은 본격적인 종합시장으로서의 면모를 갖추게 되었다. 남대문시장이 지금과 같은 모습을 갖추게 된 것은 1968년 남대문시장의 대화재를 맞게 되면서부터이다. 이를 계기로 남대문시장은 현재와 같은 A, B, C, D, E동의 현대식 상가를 갖추게 됐는데, 약 3만여 평의 대지에 1만여 점포가 빽빽이 들어서 있다. 남대문시장의 하루 내왕인구는 약 40만명, 명절 때는 약 60만명을 육박하고 거래물량의 80%가 도매거래인 남대문시장의 하루 총 거래액은 1백억원을 초과한다. 아동의류로부터 남 · 여 의류를 비롯한 섬유제품, 가전제품, 주방용품, 민예품, 토산품 및 일용잡화에 이르기까지 취급하는 품목도 다양하다.

남대문시장은 일반 시장과는 달리 낮보다 오히려 밤의 거래가 더 활발하다. 자정이 되면 가게 주인들은 물건을 받아 손님 맞을 준비를 하고, 새벽 2시가 가까워지면 퇴계로 길가에는 지방과 서울의 소매상인들로 발 디딜 틈 없이 번잡해진다.

남대문시장

(2) 동대문시장

서울특별시 종로구 예지동에 위치하고 쇼핑 명소로 유명한 동대문시장은 패션의 최첨단 기지로서 역할을 하고 있으며 우리나라를 방문하는 외국인 관광객들이 꼭 들르는 관광명소이기도 하다.

1905년에 개설되었다고 하나 18세기 후반에 이미 큰 규모의 시장이 존재했다고 전해진다. 1905년에 김종한 등이 광장주식회사를 설립하고 동대문시장을 등록함으로서 최초의 근대식 시장으로 출범하였다. 광장시장을 시작으로 창신동 문구거리까지 약 1.3㎞에 걸쳐 청계천로 좌우로 형성된 시장 전체를 동대문시장이라 부르는데 건물 약 30여 동에 3만여 개의 점포가 있다. 평화시장, 동대문종합시장, 신평화시장 등이 전통적인 도매 상권을 형성하고 있고 동대문운동장을 허물고 지은 아트플라자, 디자이너클럽, 우노꼬레 등은 현대적인 상권을 형성한 곳으로 이른 저녁부터 새벽까지 전국 각지에서 올라온 도 · 소매 의류 상인들로 붐빈다.

밀리오레, 두타, AMPM 등의 대형 쇼핑몰은 외국인들의 야간 투어 코스로도 이름난 곳이다. 특히 중국관광객들에게 압도적인 사랑을 받고 있다.

(3) 부산 자갈치시장(Chagalchi Market)

매년 10월 중순에 열리는데, 이 축제는 부산시민 모두가 참여하는 큰 행사이다. 이때 가면 횟값이 매우 싸다. 약 일주일간 펼쳐지는 잔치에는 주요 행사로 '용왕제', '한국의 빛잔치', '환경캠페인', '생선무게 알아맞추기', '매운탕 끓이기 대회', '불꽃놀이', '풍어제' 등이 재미있게 펼쳐진다.

자갈치시장이 본격적으로 형성된 것은 6 · 25를 전후해서부터이다. 전국 각지에서 몰려든 피난민들이 생계를 꾸려가기 위해 이곳에 좌판을 놓고 행상 노점을 시작한 것이 계기가 되어 시장이 생겨났는데, 당시 상인의 대부분이 전쟁미망인이었던 까닭에 억척스러울 수밖에 없었던 자갈치 아지매의 기질이 지금도 이어진다. 항상 살아가는 활기가 넘실대는 자갈치시장. 이곳에서 장사하는 아낙들에게는 '자갈치 아지매'라는 고유명사가 붙여져 있다. 이들 자갈치 아지매들과 손님들이 흥정하는 모습을 바라보는 것만으로도 삶의 활력을 가슴에 전해 주는 자갈치시장은 그래서 항구도시 부산을 대표하는 곳이다.

자갈치시장내 회센터에는 아나고회가 유명하다. 배에서 잡은 고기를 내려놓는 인부 외에 거의가 여자인 자갈치시장은 억척스런 경상도 아지매들의 활기찬 목소리와 파닥거리는 고기들의 물튀기는 소리로 늘 시끌시끌하다.

부둣가의 노점에서는 순대나 국수 따위의 간단한 식사를 할 수 있고 횟집들은 부둣가의 크게 지은 건물 안에 들어가 있다.

자갈치시장의 부두에서는 해상택시라고 할 수 있는 통통배를 탈 수 있다. 교통체증이 심한 부산에서는 편리한 교통수단이 되기도 한다.

주변의 초량동에는 초량 외국인상가지역이 조성되어 있어 러시아 상인과 일본인들이 자주 찾고 있다.

3) 백화점 및 면세점

(1) 백화점

백화점은 여러 종류의 상품, 부문별 조직에 의한 합리적 경영, 집중적 대경영 등의 특징을 가지고 있다. 부문별 조직에 의한 매입 · 판매 · 관리를 함으로써 다양한 상품의 판매업무를 과학적 · 합리적으로 처리하며 각 부문에 상품관리자를 두고 어느 정도의 자주성과 판매책임을 지우고는 있으나 전체가 하나의 기업에 소속되어 경영되고 있다.

백화점은 대도시, 교통 · 통신 · 광고, 주식회사 제도 · 은행자본, 대량생산 체제의 발달 등으로 대량판매 기구로서 발달되었다. 세계 최초의 백화점은 1852년 파리에 개설된 봉마르셰(Bon Marché)이다.

우리나라의 백화점은 1934년 화신백화점이다.1970년대 이후 경제 성장에 따라 소득과 생활수준이 향상되면서 백화점도 대중화 · 보편화되었고 서울을 비롯한 전국 각지에 백화점들이 생겨났다. 현대의 백화점은 상품 매장뿐만 아니라 주차장 시설 · 오락 · 휴식 · 식사 · 어린이 놀이터 등 온가족이 쇼핑도 하고 즐길 수 있게 다양한 시설들을 갖추며, 고객 중심의 경영 방식으로 전환하여 고객의 유지 관리에 힘쓰는 등 새로운 방식의 경영 개발에 힘쓰고 있다. 신세계, 롯데, 갤러리아, 현대 백화점등이 우리나라의 대표적 백화점들이다.

(2) 면세점

면세점은 여행자에게 부과되는 세금을 면제하여 판매하는 소매점을 말한다. 주로 공항 또는 항만, 도시 내 번화가에 있다. 또한 국제선의 항공기 내에서 이루어지는 면세품 판매도 면세점과 같은 역할을 한다. 우리나라에서 면세판매가 처음으로 이루어진 것은 1962년이며, 주한미군을 위해 특정 지역을 선정하여 면세로 물건을 판매하도록 한 것이 시초라고 할 수 있다. 이후 1964 한남

면세점, 1976년 공항 면세점, 1980년 롯데. 동화 면세점이 개점되면서 면세점의 대중화가 이루어지기 시작하였고 특히 1989년 해외여행 완전 자유화가 이루어지면서 면세점의 내국인 이용 또한 급격히 증가하였다. 우리나라의 면세점은 그동안 일본인 관광객이 대다수였으나 최근 중국인 관광객의 폭발적인 증가에 힘입어 중국인 관광객의 비중이 갈수록 커지고 있고 면세점 사업이 황금알을 낳는 거위로 인식되면서 기업마다 면세점 사업진출을 위해 경쟁이 매우 치열하다. 우리나라의 대표적인 면세점으로는 신라, 롯데, 동화 면세점 등이 있다.

4) 상업 중심지

(1) 인사동

외국인에게 널리 알려진 골동품과 고미술품이 풍부한 옛 문화의 거리다. 인사동 고미술품 거리의 역사는 80여년에 이른다. 현재 인사동에서 고미술품을 거래하는 점포는 70군데이다. 거래되는 고미술품은 옛 그림이나 도자기, 목기, 금속품이 대부분이며 통일신라시대의 토기에서부터 조선시대 백자에 이르기까지 골고루 갖추고 있다.

고미술상은 또 각각 고가구, 미술품, 소품류를 전문으로 하는 곳으로 나뉘는데, 특별하게 어느 가게의 물건이 좋고 고가품이라는 기준은 없다. 가격은 1만원짜리 소품부터 수억원대를 호가하는 귀중품까지 다양하다.

인사동을 이야기하면서 장안평을 빼놓을 수 없다. 인사동 고미술거리와 함께 골동품상의 2대 메카로 자리잡은 장안평 고미술상가는 '전통박물관'이란 말이 절로 나오는 곳이다.

상가 앞에는 석상, 여물통, 멧돌, 절구들이 즐비하게 서 있고, 가게 안에는 돈궤, 쌀뒤주, 반닫이, 문짝 등이 고색창연한 모습으로 진열되어 있다.

신라의 토기, 고려의 청자, 조선시대의 청자 · 백자도 있다. 또 각종 고서적, 서찰, 민화 등 고서류를 비롯하여 떡살, 다리미, 등잔, 촛대 등의 생활용품과 비녀, 반지, 노리개 등의 장신구에 이르기까지 '옛 것'들이 겹겹이 쌓여 있다.

인사동 일대가 도자기 등 고가품의 고미술품을 주로 파는 데 비해 장안평에서는 고가구와 생활용품을 주로 팔고 있다. 골동품 값은 천차만별이나 생각보다 그리 비싸지는 않다.

옛 등잔이나 항아리, 문짝 등이 집안 장식용으로 많이 활용되고 있고, 반닫이와 돈궤도 가정용으로 인기가 높다.

인사동 전통 춤 공연

(2) 명동

서울의 전통적인 번화가이자 패션을 만들어내는 중심 상업지역이다. 명동상가에는 여성의류를 주종으로 하여 남녀 구두, 의류 등 모든 유행성 상품가게가 있으며, 중국대사관, 신세계, 미도파, 롯데 등 대형 백화점과 조선호텔, 롯데호텔 등 특급호텔도 근거리에 있어 명실상부한 서울의 중심지역이다.

명동의 또하나의 명소는 번화한 명동거리의 높은 언덕 위에 솟아 있는 명동성당이다. 천주교 서울대교구주교 성당이며, 한국 천주교의 본산이다. 박해와 탄압 속에서 수많은 순교자를 냈던 한국 천주교는 1882년 한미수교를 계기로 신교의 자유가 이루어졌으며, 1892년 문 아우구스티노 대주교에 의해 명동성당의 공사가 착수되어 1898년 5월에 축성됐다.

우리나라에서 가장 규모가 크고 장엄한 명동성당은 프랑스인 코스트신부가 설계 · 감독하였으며 우리나라 최초의 네오 · 고딕식 건축이다.

사적 제258호로 지정된 주교관은 조르지 가스터 설계, 면적 약 454평, 종탑의 높이 45m인데, 지난 1982년 말 시작된 보수공사를 거쳐 90년 동안의 풍화현상으로 낡은 부분들을 복구, 지붕갈이와 음향문제를 해결했다.

명동 거리

(3) 이태원

이곳에 가면 쇼핑하러 나온 외국인을 많이 만날 수 있을 뿐만 아니라, 간판도 외국말로 된 간판이 대부분이라 얼핏 외국에 와 있다는 느낌을 받게 된다.

이태원(It'aewon)상가는 용산구 이태원동과 한남동에 걸쳐 있다. 즉 홀리데이 이태원호텔에서 시작하여 이태원 사거리까지 이어지는 1.5km가 넘는 도로변과 골목에 형성되어 있다.

원래 이태원은 미8군을 상대로 장사를 시작했는데, 점차 외국 관광객들에게 알려지면서 현재의 규모로 발전하였다.

상가는 약 2,000여 개인데 대개는 의류와 가죽제품, 골동품을 주로 취급하고 뒷골목엔 유명 브랜드의 시계에서부터 골프채 등에 이르기까지 각종 상품이 진열되어 있다.

이태원 의류시장의 특색으로 꼽히는 것은 맞춤 양복점이다. 그 중에서도 '유에스 킴테일러(US Kim Tailor)'는 미국의 레이건 전 대통령, 브라운 국방장관 등 유명한 외국인사가 옷을 맞춤으로써 더욱 유명해진 곳이다.

이태원은 국제관광지답게 세계 각국의 음식 맛을 볼 수 있다. 정통 인도음식으로 유명한 해밀턴 호텔 내의 '아쇼카', 파키스탄 음식점 '모굴', 태국음식 전문점 '유엔 빌리지' 등이 있다.

(4) 압구정동 로데오거리

강남의 삼성로에서 도산대로를 따라 갤러리아백화점, 현대백화점 쪽으로 가다보면 규모가 크고 잘 꾸며진 웨딩드레스 가게들이 있다.

이곳에는 전문 디자이너의 웨딩드레스뿐만 아니라 수입된 웨딩드레스도 많이 나와 있다. 과감하고 앞서가는 디자인이 많다는 것도 특징이다.

우리나라 최첨단 패션거리로서 마치 외국의 번화한 거리에 온 느낌으로 최신 디자인과 젊은 감각을 맛볼 수 있다. 하루가 다르게 변화하는 새로운 패션의 물결, 그 물결을 가장 빠르게 느껴볼 수 있는 곳이 일명 로데오거리라고 불린다. 이곳에는 고급 의류매장, 유명 수입브랜드의 액세서리 등을 취급하는 패션상점, 그리고 카페들이 들어서 있다.

4) 전시컨벤션시설

국제회의 참가자가 지출하는 직접 소비액은 일반 관광객보다 3배정도 높고 관련 산업에 미치는 생산 유발 효과가 높기 때문에 컨벤션 사업은 전 세계적으로 고부가가치 사업으로 간주되고 있다. 우리나라에서는 1990년대부터 컨벤션 산업에 대한 국가 차원의 관심과 정책적 노력을 기울였고 2000년 아시아, 유럽 정상회의(ASEM), 2003년의 월드컵축구대회와 부산 아시아경기대회, 2010년의 G20 정상회의 등을 개최하면서 컨벤션센터가 활발하게 운영되고 있다.

(1) 한국종합전시장

한국종합전시장(KOEX)은 우리나라 최초의 상설 종합전시장이다. 최첨단의 각종 전시회가 거의 1년 내내 열리고 있는 곳으로 관심 있는 전시회를 찾아볼 수 있다. 한국종합전시관은 국내에서 유일한 전문전시관으로 무역협회, 호텔, 백화점, 공항터미널을 갖추고 있어 이용에 편리하고 볼거리도 많다.

전시장은 본관의 경우 5만여 평의 부지에 지상 4층, 지하 2층짜리 별관으로 어우러져 있으며, 본관에는 국제규격 축구장 넓이의 3천여 평짜리 대형 전문전시장이 태평양관, 대서양관, 대륙관 등 3개나 있다.

이 중 대륙관에는 대규모 국제회의와 이벤트행사가 가능한 1500여 평 규모의 올림피아홀과 상설전시장이 들어있다.

코엑스

출처 : 코엑스 홈페이지

이같이 한국종합전시관에서 열리는 전문전시회는 국내 생산업체들이 해외 바이어들로부터 주문을 받아 수출에 앞서 다른 바이어와 국내에 널리 알리기 위해 개최를 하고 있지만, 소비자 입장에서 보면 생활에 꼭 필요한 신제품을 한 자리에서 일반 상가보다 먼저 구입할 수 있어 전시회에서의 직접구매도 늘어나고 있다.

지하에는 쇼핑몰, 식당, 오락실, 영화관, 수족관 등이 있으며 지상에는 호텔과 백화점, 공항도심터미널이 KOEX단지 내에 있다.

(2) 킨텍스

킨텍스는 대한민국 전시컨벤션산업의 국제화를 위하여 경기도 고양시 일산서구 대화동에 세워진 국제종합전시장이다. 대한무역투자진흥공사(KOTRA) · 경기도 · 고양시가 공동 출자하여 2002년 한국국제전시장(주)의 법인을 설립하였고, 2003년 5월 착공하여 2005년 4월 29일 22만 3345㎡의 대지에 들어선 3층 대형 건물로 전시면적이 5만 3975㎡에 달한다.

킨텍스

출처 : 관광지식정보시스템

2011년 5만 4508㎡규모의 제2전시장이 개장하면서 그동안 전시면적 부족으로 유치가 힘들었던 국제적 규모의 전시회 유치도 가능해졌다. 서울모터쇼, 한국산업대전 등의 굴지의 국제 대형 전시와 회의를 유치하고 있다.

(3) 벡스코

부산광역시 부산광역시 해운대구 APEC로 43번지에 위치한 전시 및 컨벤션센터로 벡스코(BEXCO)는 부산전시컨벤션센터(Busan Exhibition & Convention Center)의 약칭이다. 21세기 세계화를 지향하는 초일류 전시컨벤션기업 건설, 수도권에 집중되어 있는 전시회 및 국제회의의 부산 개최를 통한 부산·경남지역의 국제화·산업화·정보화에 목적으로 1998년 10월 착공에 들어가 2001년 5월 완공, 9월에 개장했다. 2006년 2월에 공식 법인 명칭을 부산전시컨벤션센터에서 벡스코로 바꿨다.

전체면적은 2만 8068평(92,786㎡)으로, 건물은 지상 3층, 지하 1층으로 이루어져 있으며, 크게 전시장·컨벤션홀·다목적홀·부대시설로 나뉜다. 전시장은 1층의 전문전시장, 2·3층의 중소전시장, 지하의 상설전시장, 야외전시장으로 나뉜다. 이곳의 전시장은 국내에서 유일한 단층 무주(單層無柱) 전시장으로, 1,800여 개의 부스 설치가 가능하며, 최대 5톤의 바닥 하중을 견딜 수 있도록 설계되었고(1㎡당), 고객의 요구에 따라 전시공간의 규모를 다양하게 조성할 수 있다. 야외전시장은 무게나 높이에 제약을 받는 요트나 중장비 등 규모가 큰 전시물을 전시하는 데 알맞고, 각종 공연이나 이벤트 장소로도 이용된다. 1,300여 평 규모의 컨벤션홀은 1·2층의 중소회의실, 3층의 대회의실로 나뉘는데, 대회의실은 최대 2,800명을 수용할 수 있으며, 8개 언어 동시통역 시스템과 화상회의 시스템 등의 첨단 시설을 갖추고 있다. 2002년 한일월드컵 본선 조추첨행사 및 2002년 부산 아시안게임 메인프레스센터로 활용되었고, 부산 영화제도 일부 행사가 진행된다.

벡스코

CHAPTER 6

관광시설 자원

1. 개념과 종류
2. 주제공원
3. 리조트시설
4. 카지노

Chapter 6

관광시설 자원

1. 개념과 종류

관광시설은 관광객의 편의를 위하여 만들어진 시설. 교통, 숙박, 오락, 관람 시설 따위를 통틀어 이르며 관광을 위한 편익을 제공할 목적으로 설치된 것이나 그 자체로 관광대상이 되기도 한다.

관광시설에는 기초가 되는 시설이 있는데 교통관련 시설, 정보관련 시설, 체제 및 접객관련 시설, 위락관련 시설 등이 있다. 이러한 관광시설에는 공급기능을 갖는 것과 대상기능을 갖는 것이 있다. 본서에서는 이 중 대상기능을 갖는 위락관계 시설을 관광시설적 자원으로 한정하고자 한다. 위락이라는 단어는 라틴어의 Recreatio(새로움의 창조)라는 단어에서 유래했고 원기를 새롭게 회복시킨다는 의미를 가지고 있다. 위락은 생활의 변화를 추구하는 인간의 기본욕구를 충족시키며 보다 높은 삶의 질을 추구하는 방향으로 다양화, 고급화 되고 있다. 위락관계 시설은 스포츠관광시설, 위락공간 시설, 유흥시설 등을 포함하고 있는데 관광대상으로서 가치가 매우 크다고 할 수 있으며, 새롭게 관광매력대상으로 급부상하고 있는 주제공원, 리조트, 레포츠, 카지노, 레스토랑 등을 포함한다.

2. 주제공원

주제공원이란 민속, 자연, 과학기술 등 다양한 분야에서 일정한 주제의 쇼와 이벤트로 공간 연출을 하는 대규모 레저시설이라 할 수 있다. 주제공원에서 주로 사용되는 주제는 반복되는 일상생활의 지루함에서 벗어나고자 하는 현대인의 심리를 이용한 비일상적이고 비현실적인 내용을 주로 하고 있으나, 그 적용 대상에 따라 소재의 범위는 거의 무한하다.

주제공원은 완전히 인공적인 관광자원으로서 자연적 관광자원이나 문화적 관광자원이 부족한 국가나 지역에서 관광객을 유치할 수 있는 훌륭한 관광자원이 될 수 있다. 주제공원은 기존 유원지에 테마를 준 공원으로 시설을 근간으로 하는 하드웨어부분과 주제를 살리는 여러 가지 소프트웨어의 개발이 주제와 연관성을 가지고 결합되어야 한다. 주제공원은 「관광진흥법」상으로는 유원시설업에 가깝다고 할 수 있는데, 유기기구와 유기시설을 갖추어 이를 관광객에게 이용하게 하는 업을 말한다.

주제공원은 유원시설보다 큰 의미로 사용되고 있다. 기존 유원시설들이 비슷비슷한 시설로 관광객을 유인했다면, 주제공원은 자신들만의 독특한 테마로 여러 가지 하드웨어와 소프트웨어의 통일성을 갖추고 관광객들이 일상의 무료함으로부터 탈피할 수 있는 기회를 제공하고 있다. 국제위락공원과 매력물 위원회(IAATA)에서는 하나의 총체적인 아이디어 또는 캐릭터 등에 통합되었거나 하나의 중심지역에서 다양한 테마로 구성될 수 있는 것으로 정의하고 있다.

최초의 현대적 주제공원은 1955년 미국에서 개장한 디즈니랜드와 1971년 월트 디즈니월드 종래 단순한 형태의 공원을 혁신적인 레저시설로 바꾸어 놓았고 사업성 높은 관광자원으로 부상하면서 도쿄 디즈니랜드, 유로 디즈니랜드 등도 연이어 개장하였다. 국내의 경우는 1909년 창경궁이 동물원과 식물원으로 시작한 것을 주제공원의 기원으로 삼을 수 있다. 현재 대표적인 주제공원으로 에버랜드, 롯데월드, 서울랜드, 한국민속촌 등이 있고 그 중 1989년에 개장한 롯데월드는 세계최초의 실내 주제공원으로 4계절 전천후 관람이 가능한 주제공원 역사상 일대 전환기를 제공했다.

주제공원은 크게 공간적, 주제별로 분류가 가능한데, 본서에서는 주제별로 분류하도록 하였다. 주제공원은 독특한 주제에 따라 꿈 · 오락 · 동화 · 신화 등과 같은 상상의 세계, 교통 · 통신 · 우주 · 바이오 등과 같은 미래과학, 동물 ·

식물 · 바다 생물과 같은 친환경, 건축 · 풍속 · 구조물 · 민속과 같은 문화, 마지막으로 교육과 예술로 구분할 수 있다.

1) 상상의 세계

(1) 롯데월드

세계 제1의 규모를 자랑하는 실내 테마파크이다. 대지면적 38,794평 위에 관광, 유통, 레저, 스포츠, 문화 등 제반 생활시설 기능을 갖춘 복합 휴양업체로서 호텔, 백화점, 민속박물관, 스포츠, 레저시설 등을 고루 갖추고 있다. 설계와 건설에 미국(바타글리아사), 일본(구로가와), 스위스(안타민), 롯데건설(한국) 등의 유명 회사들이 참여해 미국, 일본의 디즈니랜드, 캐나다의 애드먼튼, 미국의 킹아일랜드 등 세계적으로 유명한 공원들과 견줄 만한 최고 수준의 공원으로 만들어졌다.

연면적 2만 909평의 어드벤처는 상징물인 '마법의 태양'을 중심으로 모로코 · 아라비아 거리, 프랑스 · 네덜란드 거리, 독일 · 영국 거리, 이탈리아 · 스페인 거리로 나뉘어져 있으며, 연면적 약 4,000평의 매직아일랜드는 마법의 성을 중심으로 한국, 영국, 프랑스, 스위스, 독일 거리로 이루어져 있다.

그리고 이들 각 거리는 세계 각국의 특징적인 양식을 재현한 건축물들로 구성되어 있다. 이들 거리는 건축양식에서 소품, 벽화, 안내판, 주변 환경물에 이르기까지 세세하게 재현하여 공원에 들어서면 작은 지구마을을 여행하는 듯한 기분이 들게 한다.

또한 각국의 음식과 전통적인 풍물, 공연물들을 고루 갖춰 세계의 문화와 풍물도 직접 체험할 수 있다.

어드벤처의 천장은 자연채광이 가능한 돔형 유리로 되어 있어 날씨나 계절에 구애받음 없이 전천후로 이용할 수 있으며, 1층부터 4층의 곳곳에는 탑승시설 13종, 관람시설 8종이 있고 각종 게임시설과 식당, 기념상품점 등의 편의시설이 갖춰져 있다.

9백석의 규모를 갖춘 가든 스테이지는 뮤지컬쇼와 외국 전통공연단의 초청 공연 등이 이뤄지며, 각종 특별 이벤트가 펼쳐지고, 하루 2차례 전단지에서 펼쳐지는 웅장한 '환타지 퍼레이드'는 2백여 명의 공연자들이 나와 계절별로 독특한 거리의 퍼레이드를 선보인다. 이 외에 각종 밴드공연, 거리의 묘기공연, 캐릭터 공연 등이 거리 곳곳에서 수시로 벌어져 흥겨움을 더해 준다.

롯데월드의 또하나의 명물로 매직아일랜드가 있다. 롯데월드의 수질정화 사업으로 항상 맑음을 유지하는 석촌호수의 매직아일랜드는 국내 최초의 호수공원이다. 어드벤처와는 달리 자연환경과 어우러진 매직아일랜드는 조그만 동화 속 마을을 이루고 있으며, '환타지 드림' 등의 놀이시설과 5백 석의 호반무대, 게임시설, 기념상품점, 식당 등이 있다. 음악에 맞추어 춤을 추는 음악분수는 석촌호수의 명물이다.

매직 아일랜드의 퍼레이드는 어드벤처의 웅장한 퍼레이드와는 달리 1백여 명의 연기자들이 나와 한 마을의 축제를 보여주는 즐거운 거리의 퍼레이드이다. 또한 거리 곳곳에서 각종 밴드공연이 끊임없이 벌어지고, 기사 복장을 한 캐릭터들의 공연도 수시로 펼쳐진다.

잠실 롯데 월드

(2) 용인 에버랜드

우리나라의 대표적인 주제공원이다. 1976년 4월 17일 용인 자연농원으로 개장하였으며, 연간 6~8백만명 이상의 입장객을 유치함으로써 세계적인 규모를 자랑하고 있다. 총면적은 약 300만평이다.

초창기 황폐한 산지를 경제성 높은 풍요로운 땅으로 바꾸어 놓은 자연농원은 정제수, 유실수 등이 심어진 경제조림지를 비롯해 동물원, 식물원, 놀이동산, 미술관, 모터파크, 연수원 등 다양한 시설이 조성되어 있다.

각종 문화시설과 오락시설을 통해 모험심과 용기를 키워 주는 놀이동산에는 40여 종의 놀이시설이 운영 중이다.

또한 에버랜드 하면 빼놓을 수 없는 이벤트 행사가 있다. 바로 계절에 따른 꽃축제, 튤립축제를 시작으로 연이어 진행되는 장미축제, 백합축제, 국화 큰잔치 등이다.

매년 4월 초부터 5월 중순까지 펼쳐지는 튤립축제는 120여 종, 150만 그루, 2백만 송이의 튤립 꽃이 튤립원과 자연농원 곳곳에 심어져 이국적인 홀랜드 분위기를 연출하고 여기에 다채로운 행사가 곁들여져 분위기를 더욱 들뜨게 한다. 이어 펼쳐지는 장미축제는 11년의 막강한 전통을 자랑하는 행사로 빨강·노랑·흰 장미를 비롯한 형형색색의 장미꽃으로 1만여 평의 장미원을 아름답게 수놓아 함께 찾은 연인들의 사랑을 독차지한다. 백합축제와 국화대잔치 역시 백합 고유의 아름다움을 통해 젊음의 열정과 순수를 맛보도록 하는 것으로, 깊은 국화향기를 통해 한국 고유의 정취와 풍요로운 가을 향연을 맛볼 수 있다.

호랑이, 낙타, 코끼리 등 180여 종, 4천여 마리의 동물을 자연 그대로 사육하고 있는 동물원의 '와일드 사파리'는 자연상태의 사자와 호랑이 등을 생생하게 체험할 수 있는 곳으로, 이곳은 사자와 호랑이가 함께 있는 세계에서도 유일한 곳이다.

용인 에버랜드는 전단지를 테마별로 구분, 각종 놀이시설과 바자지구 그리고 다양한 축제가 펼쳐지는 단지를 '페스티벌 월드'로, 세계 최고 수준의 물놀이시설인 워터파크를 '캐리비안 베이'로, 국내 최대 규모의 자동차 경주시설인 모터파크를 '에버랜드 스피드웨이'로 탈바꿈하여 세계 8위의 테마파크로 부상하였다.

에버랜드

캐러비안베이

에버랜드 내에 있는 워터테마파크로 1996년 개장했다. 중남미 카리브해의 17세기 경관과 문화를 소재로 일일 최대 22,500명을 수용할 수 있는 세계최대의 실내·외 복합형 워터 파크이다. 유수풀, 슬라이드, 어린이풀, 모래사장, 사우나와 스파 등 신나는 놀이시설을 갖추고 있다. 캐러비안 베이는 젊은층과 가족단위로 많이 찾고 있는데 좋은 시설뿐만 아니라 초기에는 시설 홍보를 위해서 용모가 좋은 젊은이들을 골라 무료티켓까지 배부하여 캐러비안베이의 명성을 높이는 마케팅전략도 있었다.

2) 미래과학

(1) 엑스포과학공원(EXPO Park)

1993년 8월 7일부터 11월 7일까지 개최되었던 대전세계박람회(엑스포)가 끝난 뒤 그 시설과 부지를 국민과학교육의 장으로 활용하기 위하여 조성되었다. 1994년 8월 7일 문을 열었다. 대덕연구단지와 국립중앙과학관이 협력하여 개발한 각종 첨단 과학기술의 전시와 최첨단 영상을 통한 입체적이며 색다른 과학 학습의 공간으로 꾸며져 있다.

19만평의 넓은 공간에 꾸며져 있는 18개의 전시관을 가지고 있다. 이 가운데서도 특히 '우주탐험관', '자동차관', '테크노피아관'은 시뮬레이션관이며, 입체영상의 '도약관', IMAX 3D 영상의 '지구관', '인간과 과학관', OMNI MAX 3D의 '이미지네이션관' 등은 세계적 수준에 이른다. '소재관', '자동차관', '인간과 과학관' 등에서 실시되는 과학아카데미는 체험학습에 걸맞게 모든 학습이 실험·실습 위주로 진행되어 쉽게 과학을 이해할 수 있게 하고 있다.

또한 엑스포과학공원은 공포특급, 바이킹 등 15종의 탑승시설을 비롯하여 2종의 게임시설 등 모두 22종의 유희시설과 4곳의 스포츠시설이 갖춰져 있다. 또 공원 안에는 엑스포열차, 전기자동차, 곤도라, 모노레일, 스카이웨이 등이 함께 마련되어 있다. 그러나 최근 경영악화로 새로운 개선방안을 찾고 있다.

3) 친환경

(1) 서울 어린이대공원(Seoul Children's Grand Park)

과천 청계산 기슭에 위치한 우리나라 최대의 동물원 겸 놀이공원이다. 1988년 서울올림픽을 앞두고 약 82만㎡의 대지 위에 국내 최초의 테마 파크 형식의 놀이공원으로 문을 열었다. 1994년에 지하철 4호선이 개통된 후 인근의 서울대공원 동·식물원과 삼림욕장 그리고 국립현대미술관 등과 연계한 이용이 활성화되어 가족 1일 나들이 코스로 각광 받고 있다. 서울 랜드는 동물의 생활상을 관찰할 수 있도록 혼거방사하고 있는 점이 특징인 동물원과 6만평 규모에 900

서울 어린이대공원

여 종 8,000여 그루의 식물을 갖춘 식물원이 있다. 이곳 동물원은 세계 10대 동물원 중 하나로 동양 최대규모를 자랑하는 동물원은 세계지도 모형을 이용한 서식지별 분포로 꾸며져 있다. 287종 1,870마리의 외국에서 수입된 동물들이 수용되어 있고, 국내 유일의 한국 호랑이, 세계에서 가장 큰 코끼리, 세계에서 가장 작은 원숭이 로랜든 고릴라, 흰 코뿔소, 사부상(사슴일종), 랜서팬더 등 다양한 볼거리로 가득하다.

식물원은 하늘을 찌를 듯 커다란 야자수 · 선인장 · 열대수목 등 1만 여 종의 희귀한 열대 · 아열대 식물들을 직접 보며 학습할 수 있는 곳이다. 장미원은 대공원 호수 주변에 400여종 3만여 그루의 장미꽃이 장관을 이루는 곳으로 6월에 장미가 만발한다.

또한 현대미술관과 환상모험구역 · 바자구역 · 민속문화구역 등을 갖춘 놀이공원인 서울랜드, 경마장까지 들어서 있어 종합공원의 면모를 갖추고 있다. 어린이대공원의 30배가 되는 서울대공원은 지역이 워낙 넓어 자칫 걷다가 지치기 쉬운 것이 단점이라고 할 수 있지만, 버스정류장 – 동 · 식물원 – 서울랜드를 순회하는 순환버스가 다니므로 일단 그것을 이용하고 동 · 식물원 입구에서는 동물원 안쪽까지 마차가 다니므로 그것을 이용하면 도움이 된다.

동물원이 자랑하는 돌고래쇼장과 곰, 앵무새 등의 동물쇼장은 관람객의 인기를 독차지하고 있다. 서울대공원은 넓고 동물사가 여러 곳에 흩어져 있어 하루에다 보기에는 어렵다.

4) 문화

(1) 한국민속촌

외국관광객이 가장 좋아하는 관광명소 중에 한 곳인 한국민속촌은 바로 조선왕조의 수도인 한양의 옛 모습으로 전통생활모습을 총체적으로 재현 · 전시한 야외민속박물관으로 조성된 국제적인 주제공원이다. 1973년 착공해 1974년에 완공되었으며 서울에서 남쪽으로 약 41㎞, 경부고속도로 수원 I.C에서 동남쪽으로 3㎞가량 떨어진 곳에 있다.

민속촌은 민족문화자원을 보존하고, 자라나는 2세들의 교육을 위한 학습장 및 내외국인을 위한 전통 문화의 소개 등을 설립 취지로 하고 있다. 조선시대 후기의 한 시기를 택하여 당시의 생활상을 재현하였는데 특히 당대의 사농공상의 계층별 문화와 무속신앙, 세시풍속 등을 재현 전시하였다. 또 지방별로

특색을 갖춘 270여 동의 각 지방의 농가(農家)와 그 생활양식, 당시의 관가(官家), 99칸짜리 저택의 양반가(兩班家) 등을 비롯해서 한약방과 글방(書堂), 대장간, 유기공방, 도자기 가마, 떡전 등이 옛 모습 그대로 재현되어 있다.

또한 야외 원형극장에서 신명나게 펼쳐지는 농악놀이와 화려한 차림의 혼례 행렬 등은 관광객을 민속축제의 한가운데로 몰입하게 한다.

5) 교육

(1) 부천 아인스월드

세계 유명관광지를 축소한 미니어처테마파크이다.

유네스코문화유산 33점과 현대 불가사의 7개소 중 6개 등 세계 25개국의 유명한 토목·건축물을 1/25로 축소하여 전시하고 있다. 미국 원더웍스사에서 설계제작하여 매우 정교하고 아름다운 조명시설을 갖추어 밤에는 야경이 뛰어나게 좋다. 영국의 타워브리지 앞에서부터 전문 가이드를 따라 구경하면서 설명을 들으면 약 1시간 30분 정도 소요된다.

영상관에서는 공룡과 바닷속 탐험을 주제로 입체영화가 상영되어 아이들이 좋아한다.

부천 아인스월드

인근에는 1930년대부터 1970년대까지 서울 중심부의 옛 도시를 재현해 놓은 야외영화세트장이 있다. 판타스틱 스튜디오라고 한다. 이곳에서는 당시의 전차와 인력거를 타볼 수 있다.

3. 리조트시설

비교적 장기간에 걸쳐 체류하면서 각종 스포츠나 놀이를 복합적으로 즐기고 휴양하기 알맞게 시설을 갖춘 곳을 말하며 휴양지라고도 한다. 숙박, 스포츠 활동, 레저, 쇼핑을 한 번에 즐길 수 있게 조성하며, 어느 지역은 지역 전체가 휴양지로 조성되어 있다.

리조트(resort)의 사전적 의미는 "건강, 휴양 등과 관련하여 사람들이 자주 가는 장소" 또는 "대중적인 오락, 레크리에이션의 장소"로 해석되고 있는데, "종합 레크리에이션 장소" 또는 "체재형 관광지"라고 불리기도 한다.

우리나라는 현행법상으로는 리조트라는 개념에 정확히 상응하는 규정은 아직까지 없고 다만 유사한 개념으로 관광 진흥법으로 종합휴양업으로 분류하고 있다.

일본의 경우에는 종합휴양지역정비(리조트법)이 제정되어 있어 리조트를 체계적으로 발전시키고 있다.

리조트는 체재성, 자연성, 휴양성, 보양성, 다기능성 등의 요건을 갖추고 있어야 한다. 즉 리조트의 개념에는 다양한 서비스의 제공이라는 기능적 측면과 다양한 경험과 즐거움의 제공이라는 상징적 측면이 함께 있다. 따라서 리조트는 자연경관이 수려한 일정규모의 지역에 레크리에이션, 스포츠, 오락, 교약, 숙박 등을 우한 시설들이 복합적으로 갖추어져 심신의 휴양 및 에너지의 재충전을 목적으로 구성된 지역으로 정의할 수 있다.

현재 우리나라의 리조트 산업은 좁은 국토에 산지가 많은 지리적 여건으로 스키장을 중심으로 하는 산악고원형이 다수이다, 따라서 특별한 컨셉이나 경쟁력을 갖추지 못해 차별화되지 못하고 있다. 그러나 앞으로는 3면이 바다인 특징을 살려 해양형 리조트가 각광을 받을 것으로 예상하고 있다.

최근 리조트가 급성장하게 된 배경에는 개인의 생활관이나 가치관의 변화 때문이다. 또 단축된 근로시간, 늘어난 여가시간 등을 적극적으로 활용함으로써 생활을 즐기겠다는 국민욕구도 작용하고 있다. 레저 패턴이 단순 숙박관광형에서 체류 · 휴양형으로 변화함에 따라 다양한 시설을 구비한 대형 리조트의 필요성이 대두되고 이에 따라 대기업이 사업진출이 활달해지고 있다. 국내 리조트는 대부분 호텔이나 콘도미니엄을 보유하고 있고 막대한 초기투자비용과 고정경비, 계절성 때문에 호텔영업과 콘도미니엄 분야이 운영상의 큰 부분을 차지하고 있다.

리조트는 입지를 기준으로 한 분류, 도입시설을 기준으로 하는 분류, 이용계층을 기준으로 하는 분류 등 크게 3가지 유형으로 분류할 수 있는데, 본서에서는 리조트를 도입시설을 기준으로 분류하여 스키, 골프, 온천, 마리나 리조트로 분류하고자 한다.

1) 스키리조트

스키리조트는 스키장 시설을 주된 기능으로 하고 숙박, 레저, 스포츠 , 위락, 요양, 식음료 시설을 부가 기능으로 하여 하나의 대규모 단지로 조성되는 종합 휴양시설을 의미한다. 스키리조트의 가장 큰 특징은 계절성으로 눈이 없으면 스키를 즐길 수 없으며 성수기가 짧고 비수기가 길어 단일 업종만으로는 수익성이 없어 골프장, 콘도미니엄 등이 복합적으로 갖추어진 복합리조트를 개발하는 것이 현재의 흐름이다.

(1) 용평리조트

한국 스키의 메카로 꼽히는 용평리조트는 1975년 태백산맥의 발왕산(1,458m) 북쪽 자락에 개장한 한국 최초의 현대식 시설을 갖춘 스키장이다. 연평균 250cm의 눈이 내리고 겨울철 기온도 매우 낮아 스키장으로서 천혜의 자연조건을 갖추고 있다. 11월부터 이듬해 4월 초까지 스키를 즐길 수 있으며 스키시즌이 끝나는 4월부터 11월까지는 골프를 칠 수 있다. 국제스키연맹의 공인을 받은 슬로프를 비롯하여, 초·중급자를 위한 18면의 슬로프를 갖추었다. 그 외에도 단지 내에서 산악 썰매·실내 골프·서바이벌 게임·산악자전거·양궁 등을 즐길 수 있다.

1998년 월드컵스키대회, 1999년 강원 동계아시아경기대회를 이곳에서 개최하였다. 숙박시설로는 호텔과 콘도·유스호스텔 등 총 2,200여 실의 객실이 마련되어 있고 주변에 오대산국립공원·대관령목장·대관령박물관 등 관광지가 많아 관광객에게 인기가 높다.

용평 리조트

(2) 피닉스 파크

강원도 평창군 봉평면 면온리에 위치한 종합리조트로 태기산 700m 고지에 1995년 12월 16.5㎢로 개장하였다. 스키장, 골프장을 비롯해 챌린지어드벤처 코스, 수영장, 양궁장, 사격장 등의 스포츠시설과 호텔, 콘도미니엄, 식당가, 극장, 세미나실, 쇼핑몰, 사우나 등의 편의시설을 갖추고 있다. 스키장은 태기산 정상에서 21개 코스를 갖추고 12면의 FIS 공인 슬로프와 2.4km에 이르는 초보자 정상슬로프 파노라마 1면과 8기의 리프트, 6인의 썬키드, 8인승 곤돌라 등이 설치되어 있으며, 스노우 보더들을 위한 하프파이프, 테이블 탑, 라운드 쿼터, 레일 등이 설치된 스노우보드 파크를 운영하고 있다. 골프장은 잭 니클라우스가 설계한 18홀 골프코스이며, 실내수영장, 온수풀이 있는 야외수영장, 패러글라이딩, 파크골프, MTB(산악자전거) 등의 스포츠시설이 있다. 또 최근 관광 곤돌라, 유로 번지 등이 설치되어 인기를 끌고 있다. 숙박시설은 756실 규모의 콘도미니엄과 동시에 1,000명을 수용할 수 있는 대규모의 연수시설과 최첨단 OA기기, 시청각기자재, 자동 안막시설, 대연회장 등을 갖추고 직원연수, 교

피닉스 파크

육, 세미나 등을 실시할 수 있는 연수호텔이 있다. 부근에는 오대산 · 치악산 국립공원과 설악산 정동진 등의 관광지가 있다.

(3) 하이원 리조트

강원도 정선군 고한읍 하이원길 424번지에 위치한 하이원리조트는 강원도 정선군 고한읍에 있는 스키장, 골프장, 카지노, 숙박시설을 갖춘 대규모 종합 위락시설이다. 스키장은 다양한 코스와 최고급 곤돌라 및 리프트 시스템을 갖추고 있어 스키 마니아들에게 큰 사랑을 받고 있다. 백운산 자락의 지장산 정상(1345m)에서 시작되는 '마운틴 톱'을 중심으로 '밸리 톱'과 '마운틴 허브' 이렇게 세 개의 정상이 있다. 특히 초급자도 산 정상에서부터 완만한 코스를 이용하여 내려올 수 있는 것이 특징이다. 숙박시설은 2개의 호텔과 3개의 콘도를 갖추고 객실은 모두 1577실이다. 또 해발 고도 883m의 백운산 자락에 국내에서 유일하게 내국인 출입이 허용된 카지노가 있고 계절마다 테마를 달리하는 공연과 영화 관람을 즐길 수 있으며 지하에 마련된 테마파크인 어드벤처팰리

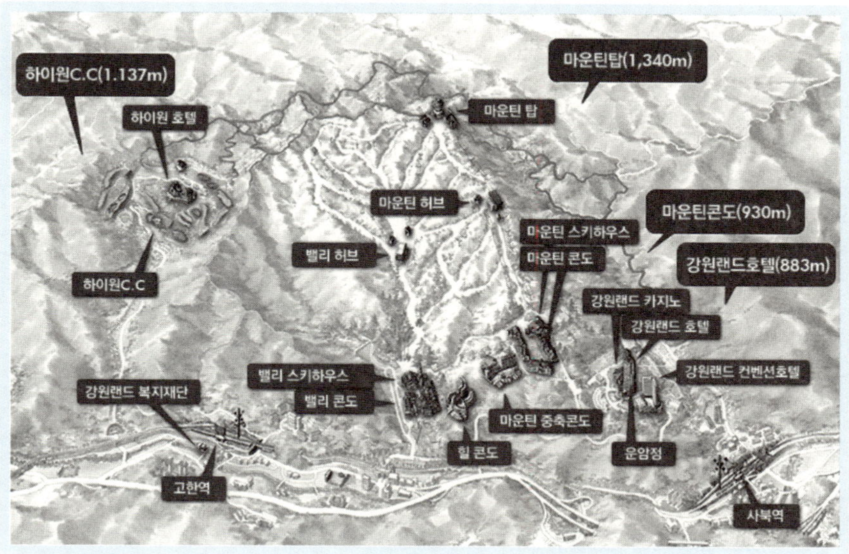

하이원 리조트

스는 입장료를 내고 들어가면 우주를 테마로 한 각종 탑승 기구와 관람시설을 즐길 수 있다. 백운산 정상의 마운틴 탑에 있는 회전식 전망대 레스토랑도 큰 인기를 끌로 있다.

정선레일바이크, 아라리촌, 아우라지, 가리왕산자연휴양림, 정선 5일장, 억새가 아름다운 민둥산, 래프팅으로 유명한 동강 등 주변관광자원 또한 풍부하다.

(4) 곤지암 리조트

2009년 1월 19일에 개관한 곤지암리조트는 고품격 refresh를 제공하는 생활 속의 리조트를 컨셉으로 개발된 곤지암리조트는 다양하고 독특한 시설을 갖춘 사계절 종합리조트이다. 경기도 광주군 태화산 노고봉 계곡에 자리잡은 곤지암리조트는 중부 고속도록 곤지암 IC에서 5분 거리에 위치하고 있어 서울 강남에서 불과 40분 만에 도착할수 있는 접근성을 자랑한다. 아트갤러리, 비즈니스센터, 휘트니스센터, 의무실, 편의점, 스크린골프, 탁구장, 당구장, 일식당, 커피전문점, 인조잔디구장이 마련되어 있다

곤지암 리조트

2) 골프리조트

골프는 영국 스코틀랜드에서 목동들에 의해 발달되기 시작했고 우리나라에서는 1900년 원산 세관에서 영국인들에 의해 첫선을 보였고 1924년 서울의 효창공원에 골프장을 설립한 것이 본격적인 발달의 시작이라고 한다. 골프장을 기본으로 하고 여기에 각종 레져 시설을 부가적으로 설치한 리조트를 골프리조트라 부르며 국내 골프리조트는 2000년을 기점으로 급속히 증가하였고 주로 서울에 인접한 경기도와 강원도, 그리고 제주도에 위치하고 있다.

(1) 가평 베네스트 골프클럽

가평베네스트골프클럽은 자연 지형을 최대한 살려 섬세한 디자인을 바탕으로 메이플, 버치, 파인 3개 코스로 구성되어 있다. 주금산, 개주산에 둘러싸인 가평베네스트는 해발 365m 높이에 클럽하우스를 두고 있으며 최고 지점은 428m의 완만한 경사지에 위치한다. 바위 위에 흙을 덮는 공사를 통해 우기(雨期)에도 물 빠짐이 탁월하다. 종종 주변 산으로 운해(雲海)가 이뤄지며 연출하는 환상적인 장관을 감상할 수 있다. 북한강 연변에는 기암절벽과 숲이 많아 천연의 피서지 · 관광지를 이루고 청평에서 북한강과 합쳐지는 조종천을 따라

많은 유원지가 들어서 있다. 최근 퇴계원IC에서 대성리까지 자동차전용도로가 개통되고 신팔~현리 간 직선도로 37번 국도가 준공되면서 서울부터 골프장까지 이르는 접근성이 나아졌다. 주요 시설로는 클럽하우스, 리셉션, 골프샵, 연회실 & 그릴, 티하우스가 있다.

(2) 잭니콜라우스 골프클럽코리아

인천광역시 연수구 송도동 117번지에 위치한 잭 니클라우스 골프클럽 코리아(파 72, 7413야드)는 세계적인 골프코스 디자이너 잭 니클라우스의 이름을 내 걸고 2010년 10월 개장한 국내 유일 골프 클럽이다.

잭 니클라우스 골프클럽은 매립지였던 이곳에 골프코스 조성 계획을 수립할 때부터 잭 니클라우스의 구상이 반영됐다. 토너먼트 티를 기준으로 7413야드(6.8 km)가 넘는 코스로 최정상급 골퍼들에게 도전해보고 싶은 욕망을 불러일으키는 곳이기도 하다.

서해 바다 풍광과 페어웨이 빌라 정취, 도심의 빌딩 숲에 한데 어우러져 이색적인 조망을 즐길 수 있다는 점이 가장 큰 매력. 내륙 골프클럽에서는 드물게 양잔디 중 벤트그라스를 식재해 샷감도 탁월하다는 평가를 받는다.

잭 니클라우스 골프클럽은 지난 2년간 대회 준비를 위해 18개 홀 전체를 개조하는 대공사를 진행했다. 미국프로골프(PGA) 투어 규격에 맞춰 그린 언듈레이션으로 평탄화했고, 페어웨이와 러프, 워터 해저드 등을 뚜렷하게 구분했다. 특히 러프 지역에서는 풀을 일부러 길러 러프에 떨어진 공은 찾을 수 없는 경우도 다반사가 될 것이라는 귀띔이다. 페어웨이 면적을 변경하고 6개의 벙커를 새로 만들어 총 벙커 수만 91개다.

(3) 사우스케이프오너스클럽

남해 골프앤스파 리조트는 세계적인 그룹 힐튼에서 직접 운영하는 한국 최초의 '힐튼 월드 와이트 리조트'다. 한국의 몰디브라고 불리는 이 리조트의 핵심은 골프장이다. 마치 골프장이 바다 위에 떠 있는 듯 보이고 국내에서는 최초로 18홀 전체에서 바다를 바라볼 수 있게 만들어졌다. 그 중 4개 홀은 바다를 가로질러 공을 날리도록 되어 있다.

리아스식의 해안선을 따라서 페어웨이 가 전개되며 크고 작은 섬들로 장식되어 있는 바다를 계속 조망하면서 라운딩 하실 수 있다.겨울철에는 수도권 보다 평균기온이 약 5도 이상 높아서 라운딩이 가능한 골프장 중에 하나이다.

3) 온천리조트

온천을 의미하는 Spa는 벨기에의 온천으로 유명한 도시 스파에서 비롯되어 다는 설과 프랑스어 'sante per aqua(건강에 좋은 물)'의 머리글자를 따온 것이라는 설이 있다. 본래는 물을 이용한 건강 증진 및 질병 치료를 가리키는 말이었는데, 최근에는 그 의미가 마사지를 포함하여 미용 분야까지 확대되었다.

우리나라는 지하로부터 용출되는 섭씨 25도 이상의 온수로 몸에 무해한 것으로 규정하고 있다. 온천은 국민의 심신 휴양 및 건강 증진에 크게 기여하는 관광자원으로 온천 리조트는 온천을 테마로 요양과 휴식에 적합한 시설을 갖춘 곳을 의미한다. 우리나라 온천 리조트는 오랜 역사를 자랑하며 선진국의 온천 리조트와 비교해도 관광자원으로서의 가치는 충분하지만, 특성이 없고 획일적인 개발방식과 단순한 이용시설로 체류형보다는 단순 경유형 숙박관광지의 역할에 만족하고 있었다. 그러나 1990년 중반부터 부곡 하와이를 시작으로 설악워터피아, 아산 스파비스, 리솜 스파캐슬과 같은 리조트들이 일반 온천에 휴양과 레저를 결합한 새로운 온천 리조트로 변신을 시도했고 현재에는 선진국 못지않은 시설과 규모를 갖춘 온천리조트로 성장했다.

(1) 설악 워터피아

1997년 개장한 국내 최초의 온천 테마파크로 강원도 속초시 설악산국립공원 부근의 한화리조트 내에 1만 6529㎡ 규모로 만들어진 온천 휴양지이다. 지하 680m 지점에서 용출되는 섭씨 49도의 천연 나트륨 온천수를 이용한 대규모 온천대욕장, 실내수영장, 옥외레저수영장 등이 있는 종합 온천 테마파크이다. 워터피아는 크게 스파동과 아쿠아동으로 나뉜다. 주요 시설로는 온천사우나, 물놀이시설, 옥외레저스파 등이 있다. 특히 온천사우나의 노천탕은 야외에서 설악산을 바라보며 온천욕을 즐길 수 있다는 점이 가장 큰 매력이다. 그 밖에 낙수탕, 원목탕, 기포탕 등 다양한 종류의 탕과 가족이나 연인들이 오붓하게 온천을 즐길 수 있는 스파시설을 갖추고 있다.

(2) 아산스파비스

아산시 음봉면 신수리에 위치한 아산스파비스는 2001년 4월에 개장했고 수도권에서 1시간대에 접근이 가능하며, 기존의 단순 온천시설과는 달리 국내 최초의 온천수를 이용한 신개념의 테마온천으로 물 치료 바데풀과 어린이용 키즈풀, 사계절 이용이 가능한 실외 온천풀에서 물놀이와 온천을 온 가족이 함께 즐길 수 있는 가족 건강테마온천이다. 7,100명이 동시 이용 가능한 실내외 워터파크 및 대욕장에는 계절에 따라 딸기, 쑥, 솔잎, 인삼, 허브를 이용한 23개의 이벤트탕과 기능탕을 이용할 수 있다. 2008년 7월 18일 개장한 야외워터파크는 11,000㎡의 부지 위에 1,000명이 동시수용 가능한 75m 대형 파도풀과 4명이 동시에 출발하여 경주하는 100m 레이스 슬라이드, 스릴만점 125m 개방형 튜브, 바디 슬라이드와 대형 파도풀, 파도치는 유수풀 그리고 어른과 어린이 온 가족이 함께 즐길 수 있는 대형 아쿠아 플레이가 설치되어 있다.

중부권 최고 레저시설을 자랑하는 아산 스파비스 눈썰매장에 가면 특별한 겨울을 만끽할 수 있다. 정상까지 편하게 올라갈 수 있는 100m 길이의 최신 무빙워크와 200m 길이의 짜릿한 봅슬레이, 150m의 성인용 슬로프와 초보자도 쉽게 탈 수 있는 60m 어린이용 슬로프로 나뉘어져 있다.

(3) 리솜스파캐슬

충청남도 예산군 덕산면 사통리 361번지 소재의 리솜스파캐슬은 덕산 스파캐슬 리조트에서 운영하는 온천 테마 파크다. 100% 천연온천수를 자랑하며 물놀이 시설과 스파 시설을 5대 5의 비율로 갖춰 가족 휴양에 최적화했다. 스파캐슬의 모든 전 업장에는 게르마늄이 함유된 600년 역사의 덕산온천수가 공급되며 건축연면적 약 66,116㎡(2만여 평)에 객실수 407개, 핵심 부대시설인 20,826㎡(6천3백평) 규모의 스파시설 '천천향'을 갖추었고, 2곳의 대연회장을 비롯해 총 9개의 세미나룸과 각종 휘트니스 시설, 문화예술광장, 조각정원, 산책로 등이 마련되어 휴양과 건강, 비즈니스와 문화예술을 함께 즐길 수 있는 사계절 종합 휴양지이다. 또한 스파캐슬은 대표적 부대시설인 각 분야 저명한 인사들로 자문위원단과 의과대학교와 산학연을 맺어 전문적이고 체계화된 시설과 프로그램을 제공하고 있다.

4) 마리나리조트

마리나(marina)는 라티어로 "해변의 산책길"에서 유래되었다고 하며 "레포츠 선박을 위한 정박지 또는 중계항으로서 시설 및 관리체계를 갖춘 곳"을 말하고 마리나리조트는 수상을 기본으로 하여 요트, 수상스키, 윈드서핑, 스칸스쿠버, 낚시, 다이빙, 크루즈, 제트스키, 서핑, 카약, 비치발리볼, 패러세일링 등 다양한 레저스포츠를 즐길 수 있게 만든 시설을 말한다. 우리나라에서 마리나리조트는 2009년 「마리나항만의 조성 및 관리 등에 관한 법률」이 제정 · 공포되어 (2016.1.19., 일부개정) 본격적인 발전의 시대를 맞게 되었다.

마리나리조트는 국민소득 2만불 시대를 맞이하여 고급 해양레저형 관광수요가 급증하면서 지속적으로 개발되고 있다. 국내에서는 부산 수영만, 통영 충무 마리나리조트, 서귀포 중문 마리나리조트, 화성의 전곡 마리나리조트 등이 대표적이고 해외에서는 미국의 하와이, 호주 시드니와 골드코스트, 프랑스 랑독 루시옹 지역 등이 유명하다.

(1) 충무 마리나리조트

국내 최초 육 · 해상 종합리조트인 금호 충무 마리나리조트는 경남 통영시 도남동의 도남 관광단지 내에 위치하고 있으며 금호그룹에 의해 육상 · 해상 종합리조트로 1995년 개장하였다.

119,000㎡의 부지위에 150여척의 보트를 계류시킬 수 있으며 모든 객실에서 바다 조망이 가능한 272실의 콘도를 갖춘 해양리조트 시설이다. 아름다운 한려수도를 배경으로 유람선을 이용한 관광이 활성화되어 있고 선착장에는 50여척의 요트들이 정박해 있어 아름다운 경관과 동시에 다양한 해양레포츠를 즐길 수 있다. 주요 시설은 마리나시설과 자체에서 보유하고 있는 24척의 요트,

요트 클럽하우스, 요트 수리소, 급유소, 적치장 등의 복합시설을 갖추고 연중무휴 회원제로 운영하고 있다.

(2) 부산 수영만

부산광역시 해운대구 해운대해변로 84번에 소재한 수영만 요트경기장은 총면적 23만 803㎡, 육상 면적 13만 8561㎡, 해상 면적 9만 2242㎡이다. 1986년 서울 아시안게임 요트경기대회, 1988년 서울올림픽 요트경기대회, 2002년 부산 아시안게임 요트경기대회 등 국제적인 행사를 개최했고 각종 요트 · 보트 경기 대회는 물론 영상문화의 명소로 부산 국제영화제를 비롯한 다양한 문화 행사를 개최하여 영화 영상산업 발전에도 이바지하고 시민들에게 해양 스포츠활동과 휴식공간을 제공하고 있다. 또 마리나 단지 내에는 시네마테크와 국제무역전시관 요트학교, 윈드써핑학교, 잠수학교등 각종 해양 강습시설이 들어서 있다.

(3) 전곡항 마리나리조트

경기도 화성시 서신면 전곡리에 위치한 전곡항 마리나는 2009년 11월에 개장했고 해상 145척, 육상 55척 등 총 200척의 계류수용능력을 갖추고 있다. 전곡항 마리나는 파도가 적고 수심이 3m 이상 유지되는 수상레저의 최적지로 평가받아 밀물과 썰물에 관계없이 24시간 배가 드나들 수 있는 장점을 살려 다기능 테마어항으로 조성되었다. 또한 2008년부터 매년 '경기국제보트쇼'와 '코리아메치컵 세계요트대회'를 개최하고 있다.

4. 카지노

카지노는 작은 집이라는 의미의 이탈리아어 카자(casa)가 어원이고, 르네상스 시대 귀족들이 소유하였던 사교 · 오락용(댄스 · 당구 · 도박 등)의 별관을 뜻하였다. 역사적으로는 18~19세기에 국가의 재원을 충당하기 위해 유럽 각지에서 개설되기 시작하였고 미국에서도 서부개척기 이래 겜블링이 활발했으나 카지노라고 하게 될 만큼 시설을 선보인 것은 19세기 중엽부터 남북전쟁 때까지 미시시피강(江)에 있는 200여 척의 호화판 도박선이었다. 미국에서 카지노 개설을 허용하고 있는 주는 네바다주 · 뉴저지주 · 노스다코타주이며, 네바다주의 라스베이거스 · 리노가 가장 유명하며 20여 개의 대규모 카지노가 있다. 유럽에서는 지중해에 면한 남프랑스의 칸 · 니스, 1861년에 개설된 몬테카를로(모나코 왕국)의 카지노가 유명하다. 아시아에는 일본 · 홍콩 · 마카오 등이 알려져 있다. 현재 카지노는 전 세계적으로 110개국에 2000여개 업체가 운영되고 있으며 우리나라의 카지노는 1967년 인천광역시 올림포스호텔의 카지노 개장을 시작으로 1968년에는 서울특별시 워커힐호텔 카지노가 개장하였다. 2014년 5월 기준으로 국내 카지노 사업체는 총 17개가 영업 중이며, 이중 외국인전용 카지노는 16개, 내국인 대상 카지노는 1개다. 국내 유일의 내국인 대상 카지노인 강원랜드는 강원도 정선에 위치하고 있으며, 외국인전용 카지노 중 8개가 제주도에 몰려 있다. 그 외 서울에 3개, 부산에 2개, 인천 · 강원 · 경북에 각각 1개씩 위치하고 있다.

일반적으로 카지노에서 이루어지는 도박으로는 룰렛 · 슬롯머신 · 블랙잭 등이 있다. 이전의 카지노는 사행산업으로 인식되었으나 현재는 카지노에 많은 가족고객이 찾아들면서 오락문화 및 여가산업으로 자리잡고 있다. 특히 카지노산업은 외화획득 및 유출방지, 지역경제 활성화, 재원확보 등 고부가가치산업으로 고용창출과 외화가득률이 타 산업에 비해 매우 높다.

1) 외국인전용 카지노

(1) 세븐럭 카지노

세븐럭[Seven Luck] 카지노는 한국관광공사의 자회사인 GKL[Grand Korea Leisure]이 운영하고 있다. 세븐럭이라는 브랜드로 2006년부터 서울강남점, 밀레니엄서울힐튼점, 부산롯데점 등 3개의 카지노 매장을 운영하고 있다.

서울강남점은 1,630평 규모의 영업장 면적에 룰렛, 바카라, 다이사이, 캐리비언스터드포커 등 테이블 게임기 73대와 슬롯머신게임기 121대를 구비하고 있다. 밀레니엄서울힐튼점은 851평 규모의 영업장 면적에 테이블 게임기 55대, 슬롯머신 게임기 155대를 설치해 운영하고 있으며, 부산롯데점은 767평 규모의 영업장 면적에 테이블 게임기 47대, 슬롯머신 게임기 90대를 갖추고 영업하고 있다.

(2) 파라다이스 카지노

파다다이스는 서울(파라다이스 카지노 워커힐), 부산(파라다이스 카지노 부산), 인천(파라다이스 카지노 인천), 제주도(파라다이스 카지노 제주 그랜드, 파라다이스 카지노 제주 롯데) 등 5개소의 외국인 전용 카지노를 운영 중이다.

그 중 파라다이스 카지노 워커힐은 1969년 개장되어 오랫동안 신뢰를 받아온 한국 최고의 카지노이며 한강의 전경이 보이는 쉐라톤 그랜드 워커힐 호텔 내에 위치하고 있어 도시의 편리함과 자연의 쾌적함을 함께 즐길 수 있다. 바카라 63개, 슬롯머신 139개 등 총 277개의 게임기를 보유하고 있다.

2) 내국인 카지노[㈜강원랜드]

(1) 설립배경 및 연혁

㈜강원랜드(이하 "강원랜드"로 칭함)는 석탄산업의 사양화로 폐광지역 경제기반이 붕괴됨에 따라 관광산업을 대체산업으로 하여 폐광지역의 경제활성화를 위한 목적으로 「폐광지역개발지원에 관한 특별법」에 따른 개발사업시행자로서 1998년 6월 29일 설립되었다.

강원랜드는 설립 이후 2000년 10월 28일 스몰카지노를 개장하였고, 2003년 3월 28일에는 메인카지노를 강원도 정선군 고한읍 현 위치로 이전 개장하였다. 그리고 리조트 개발사업을 지속적으로 추진하여 스키장, 골프장, 관광호텔 등의 시설을 갖추는 한편, 지역연계사업을 추진하기 위하여 2009년 ㈜하이원엔터

테인먼트와 ㈜하이원모터리조트를 설립하였다.

강원랜드는 한국광해관리공단, 강원도개발공사, 그리고 인근 4개 시 · 군과 강원도가 참여한 공공부문과 민간부문 등에서 총 1,070억원을 출자하였으며, 지분구조는 공공부문 51%, 민간부문 44%, 자사주 5%로 구성되어 있다. 이 중 한국광해관리공단이 전체 지분의 36%를 보유하여 대주주의 위치를 확보하고 있다.

(2) 시설현황

강원랜드는 강원도 정선군 사북읍 사북리 및 고한읍 고한리 일원에 총 5,324,432㎡ 규모의 카지노 리조트를 조성하였다. 주요 시설물로는 강원랜드 호텔 · 카지노, 하이원호텔 · 골프장, 하이원 스키장 및 콘도 등이다.

강원랜드의 카지노시설은 강원랜드 호텔 내 12,792.95㎡ 공간에 테이블게임 200대와 머신게임 1,360대로 구성되어 있다. 테이블게임 기구는 바카라 88대, 블랙잭 70대, 룰렛 14대, 다이사이 7대, 포커 16대, 빅휠 2대, 카지노워 3대 등이며, 머신게임 기구로는 슬롯머신 400대, 비디오게임 960대 등을 보유하고 있다.

(3) 운영현황

2013년의 강원랜드 순매출액은 1조 2,790억원으로 전년대비 5.8% 증가하였다. 2004년 이후 2010년까지 지속적인 증가추세를 나타낸 이후 2011년 소폭 감소하였다가 2012년부터 다시 증가하였다. 2013년 강원랜드 1일 평균 매출은 3,504백만원으로 전년대비 5.8% 증가하였고, 지속적인 증가추세를 나타내고 있다.

2013년의 강원랜드 카지노 입장객은 3,068천명으로 전년대비 1.4% 증가하였다. 입장객은 2006년과 2011년 일시적 감소가 있었으나, 2004년 1,785천명에서 2013년 3,068천명으로 전반적으로 증가추세를 나타내고 있다. 2013년의 1일 평균 입장객은 8,405명으로 전년대비 1.4% 증가하였고, 10년간 평균 7.7%의 증가

율을 나타내고 있다.

(4) 공공재정 기여현황

2013년 강원랜드는 조세 및 기금으로 전년대비 2.1% 증가한 총 4,734억원을 납부하였다. 강원랜드가 납부한 국세 및 지방세는 2,316억원이며, 카지노 운영에 따라 납부하여야 하는 관광진흥개발기금 1,274억원, 폐광지역개발기금 1,144억원 등 총 2,418억원의 기금을 납부하였다.

▌참고자료.▐

관광진흥법상의 관광자원 종류와 지정현황
(관광지, 관광단지, 관광특구)

관광지는 자연적 또는 문화적 관광자원을 갖추고 관광객을 위한 기본적인 편의시설이 설치된 지역으로서 「관광진흥법」에 따라 지정된다. 관광자원이 풍부하고 관광객의 접근이 용이하며 개발제한요소가 적어 개발이 가능한 지역과 관광정책상 관광지로 개발하는 것이 필요하다고 판단되는 지역이 관광지로 지정된다.

관광단지는 관광산업의 진흥을 촉진하고 국내외 관광객의 다양한 관광 및 휴양을 위하여 각종 관광시설을 종합적으로 개발하는 관광거점 지역으로서 「관광진흥법」에 따라 지정된다.

관광특구는 외국인 관광객의 유치 촉진 등을 위하여 관광활동과 관련된 관계법령의 적용이 배제되거나 완화되고, 관광활동과 관련된 서비스 안내체계 및 홍보 등 관광여건을 집중적으로 조성할 필요가 있는 지역으로서 「관광진흥법」에 따라 지정되는데 관광시설이 밀집된 지역에 대해 야간 영업시간 제한을 배제하는 등 관광활동을 촉진하고자 1993년에 도입된 제도이다.

▪ 관광지

2016. 3. 31(문화체육관광부)

시·도	지정개소	관광지명
부산	5(1)	기장도예촌, **용호씨사이드**, 황령산, 태종대, 해운대
인천	2	마니산, 서포리
경기	13	대성, 산장, 수동, 소요산, 장흥, 용문산, 신륵사, 한탄강, 공릉, 임진각, 내리, 백운계곡, 산정호수

시·도	지정개소	관광지명
강원	40	대관령 어흘리, 등명, 연곡, 옥계, 주문진, 삼포 · 문암, 송지호, 화진포, 망상, 무릉계곡, 추암, 맹방, 삼척해수욕장, 장호, 초당, 속초해수욕장, 척산온천, 후곡약수, 오색, 고씨동굴, 마차탄광촌, 영월온천, 간현, 내설악용대, 방동약수, 오토테마파크, 아우라지, 화암, 고석정, 직탕, 구곡폭포, 청평사, 호반, 구문소, 미탄마하생태, 팔봉산, 홍천온천, 광덕계곡, 어답산, 유현문화
충북	22	괴강, 수옥정, 다리안, 온달, 천동, 구병산, 속리산레저, 늘머니과일랜드, 송호, 장계, 무극, KBS제천촬영장, 계산, 교리, 금월봉, 능강, 만남의광장, 제천온천, 능암온천, 세계무술공원, 충온온천, 충주호체험
충 남	26	곰나루, 공주문화, 마곡사, 마곡온천, 난지도, 삽교호, 왜목마을, 대천해수욕장, 무창포해수욕장, 죽도, 서동요역사, 구드래, 간월도, 금강하구둑, 춘장대해수욕장, 신정호, 아산온천, 덕산온천, 예당, 용연저수지, 천안종합휴양, 태조산, 칠갑산도림온천, 만리포해수욕장, 안면도, 남당
전북	21	석정온천, 금강호, 은파, 김제온천, 벽골제, 남원, 모항, 변산해수욕장, 위도, 모악산, 금마, 미륵사지, 왕궁보석테마, 웅포, 사선대, 오수의견, 방화동, 내장산리조트, 백제가요정읍사, 마이산회봉, 운일암 반일암
전남	28(1)	대구도요지, 도림사, 지리산온천, 나주호, 담양호, 회산연꽃방죽, 율포해수욕장, 한국차소리문화공원, 대광해수욕장, 불갑사, 마한문화공원, 성기동, 영산호 쌀문화테마공원, **영암 바둑테마파크**, 신지명사십리, 장성호, 홍길동테마파크, 정남진 우산도-장재도, 녹진, 아리랑마을, 해신장보고, 회동, 사포, 땅끝, 우수영, 도곡온천, 운주사, 화순온천
경북	32	경산온천, 고령부례, 문경온천, 상리, 다덕약수, 오전약수, 경천대, 문장대온천, 회상나루, 안동하회, 예안현, 고래불, 장사해수욕장, 선바위, 문수, 영주부석사, 영주순흥, 풍기온천, 치산, 예천삼강, 예천포리, 울릉개척사, 울릉도, 백암온천, 성류굴, 의성탑산온천, 용암온천, 청도신화랑, 청도온천, 청송주왕산, 가산산성, 호미곶
경남	22(2)	거가대교, 장목, 가조, 수승대, 당항포, 송정, 표충사, **사천비토**, 실안, 산청전통한방휴양, 중산, 금서, 벽계, 오목내, 부곡온천, 마금산온천, 도남, **하동묵계(청학동)**, 농월정, 미숭산, 합천보조댐, 합천호
제주	15	돈내코, 미천굴, 용머리, 제주남원, 수망, 토산, 표선, 곽지, 금악 여성테마파크, 김녕해수욕장, 묘산봉, 제주돌문화공원, 함덕해안, 협재해안, 봉개휴양림
합계	226(4)	※ 진한글씨는 조성계획 미수립 관광지

▪ 관광단지

2016. 3. 31(문화체육관광부)

연번	단지명	위치	규모(㎢)	개발주체	비고 (지정/조성계획)
1	보문	경북 경주시 신평동, 천군동 일원	8.515	경북관광개발공사	'75. 4/'73. 5
2	중문	제주 서귀포시 중문동, 색달동 일원	3.562	한국관광공사	'71. 5/'78. 6
3	해남 오시아노	전남 해남군 화원면 주광리, 화봉리 일원	5.073	한국관광공사	'92. 9/'94. 6
4	감포	경북 경주시 감포읍, 대본리, 나정리 일원	4.019	경북관광개발공사	'93.12/'97. 3
5	강동	울산 북구 산하동, 무룡동, 정자동 일원	1.356	미정	'09.11/'14.12
6	안동문화	경북 안동시 성곡동 일원	1.662	경북관광개발공사	'03.12/'05. 4
7	동부산	부산 광역시 기장군 기장읍 시랑리 일원	3.663	부산도시공사	'05. 3/'06. 4
8	알펜시아	강원 평창군 도암면 수하리, 용산리 일원	4.930	강원개발공사	'05. 9/'06. 4
9	광주 어등산	광주 광산구 운수동 어등산 일원	2.732	광주도시공사	'06. 1/'07. 4
10	신화역사공원	제주 서귀포시 안덕면 서광리 일원	4.000	제주국제자유도시개발센터	'06.12/'06.12
11	여수경도 해양	전남 여수시 경호동 대경도 일원	2.165	전남개발공사	'09.12/'09.12
12	제주헬스케어타운	제주 서귀포시 동흥동 2032일원	1.539	제주국제자유도시개발센터	'09.12/'09.12
13	창원 구산해양	경남 창원시 마산합포구 구산면 구복 · 심리 일원	3.008	창원시	'11. 4/'15.3
14	송도	인천 연수수 동춘동, 옥련동, 학익동 일원	0.097	인천도시공사	'08. 3/실효

연번	단지명	위치	규모(㎢)	개발주체	비고 (지정/조성계획)
15	여수 화양	전남 여수시 화양면 장수리, 화동리, 안포리	9.989	일상해양산업주	'03.10/'06. 5
16	원주 오크밸리	강원 원주시 지정면, 월송리 일원	11.288	한솔개발주식회사	'95. 3/'96. 1
17	김천 온천	경북 김천시 부항면 파천리 일원	1.424	주식회사우촌개발	'96. 3/'97.12
18	휘닉스파크	강원 평창군 봉평면 면온리, 무이리, 진조리 일원	4.228	㈜보광	'98.10/'09. 3
19	평창 용평	강원 평창군 도암면 용산리, 수하리 일원	16.367	㈜용평리조트	'01. 2/'04. 3
20	웰리 힐리파크	강원 횡성군 둔내면 두원리, 우용리, 조항리 일원	4.842	신안종합리조트㈜	'09. 6/'12. 7
21	홍천비발디파크	강원 홍천군 서면 팔봉리, 대곡리 일원	7.053	㈜대명레저산업	'08.11/'11. 1
22	팜파스종합휴양	제주 서귀포시 표선면 3196-2번지 일원	3.001	남영산업㈜	'08.12/'08.12
23	고흥 우주해양	전남 고흥군 영남면 남열리 일원	1.158	㈜태인개발	'09. 5/'09. 5
24	무릉도원	강원 춘천시 동산면 조양리, 홍천군 북방면 전치곡리 일원	4.985	㈜에이엠엘앤디	'09. 9/'09. 9
25	마우나오션	경북 경주시 양남면 신대리 일원	6.419	마우나오션개발㈜	'09.12/'09.12
26	신영	강원 춘천시 동산면 군자리 산224번지	1.786	신영종합개발(주)	'10. 2/'10.5
27	설악 한화리조트	강원 속초시 장사동 11번지 외 101필지	1.314	㈜한화호텔앤드리조트	'10. 8/'10. 8
28	골드힐카운티리조트	충남 천안시 서북구 입장면 기로리 일원	1.704	㈜골드힐	'11.12/'13. 6
29	성산포해양관광단지	제주 서귀포시 성산읍 고성리 127-2번지 일원	0.654	㈜보광제주, ㈜제주해양과학관	'91. 6/'06. 1

연번	단지명	위치	규모(㎢)	개발주체	비고 (지정/조성계획)
30	예래휴양형주거단지	제주 서귀포시 상예동 633-3번지 일원	0.744	㈜버자야제주리조트	'05.10/'07.12
31	고성 델피노골프앤리조트	강원 고성 토성면 원암리 403-1번지 외 54필지	0.898	㈜대명레저산업	'12. 4/'12. 6
32	한원 춘천	강원 춘천 신동면 혈동리 산195번지 일원	0.743	㈜한원, ㈜한원개발	'12. 6/'12. 6
33	강화종합리조트	인천 강화군 길상면 선두리 산281-1번지 일원	0.645	㈜오션빌	'12. 7/'12. 7
34	평택호	경기 평택시 현덕면 권관리, 기산리, 대안리, 신왕리 일원	2.743	미정	'09.10/미수립
35	록인제주 체류형 복합관광단지	제주 서귀포시 표선면 가시리 622번지 일원	0.523	㈜록인제주	'13. 12/'13.12
36	백제문화	충남 부여군 규암면 합정리, 신리, 호암리, 오수리 일원	3.026	㈜호텔롯데	'15. 1/'15. 1
37	원주 더네이쳐	강원 원주시 문막읍 궁촌리 산121번지 일원	1.444	㈜경인개발	'15. 1/'15. 1
38	양양 국제공항	강원 양양군 손양면 동호리 510-28번지 일원	2.118	㈜새서울레저	'15.12/'15.12
39	횡성 드림마운틴	강원 횡성군 서원면 석화리 산261-1 일원	2.006	㈜케이앤드씨	'16.3/미수립

■ 관광특구

2016년 3월 기준(문화체육관광부)

지역	특구명	지정지역

지역	특구명	지정지역
서울 (6)	명동 · 남대문 · 북창	명동, 회현동, 소공동, 무교동, 다동 각 일부지역
	이태원	용산구 이태원동, 한남동 일원
	동대문 패션타운	중구 광희동, 을지로5~7가, 신당1동 일원
	종로 · 청계	종로구 종로1가~6가, 서린동, 관철동, 관수동, 예지동 일원, 창신동 일부 지역(광화문 빌딩~숭인동 4거리)
	잠실	송파구 잠실동, 신천동, 석촌동, 송파동, 방이동
	강남 마이스	강남구 삼성동 무역센터 일대
부산 (2)	해운대	해운대구 우동, 중동, 송정동, 재송동 일원
	용두산 · 자갈치	중구 부평동, 광복동, 남포동 전지역, 중앙동, 동광동, 대청동, 보수동 일부지역
인천(1)	월미	중구 신포동, 연안동, 신흥동, 북성동, 동인천동 일원
대전(1)	유성	유성구 봉명동, 구암동, 장대동, 궁동, 어은동, 도룡동
경기 (4)	동두천	동두천시 중앙동, 보산동, 소요동 일원
	평택시 송탄	평택시 서정동, 신장1 · 2동, 지산동, 송북동 일원
	고양	고양시 일산 서구, 동구 일부 지역
	수원 화성	경기도 수원시 팔달구, 장안구 일대
강원 (2)	설악	속초시, 고성군 및 양양군 일부 지역
	대관령	강릉시, 동해시, 평창군, 횡성군 일원
충북 (3)	수안보온천	충주시 수안보면 온천리, 안보리 일원
	속리산	보은군 내속리면 사내리, 상판리, 중판리, 갈목리 일원
	단양	단양군 단양읍, 매포읍 일원(2개읍 5개리)
충남 (2)	아산시 온천	아산시 음봉면 신수리 일원
	보령해수욕장	보령시 신흑동, 웅천읍 독산 · 관당리, 남포면 월전리 일원
전북 (2)	무주 구천동	무주군 설천면, 무풍면
	정읍 내장산	정읍시 내장지구, 용산지구

지역	특구명	지정지역
전남 (2)	구례	구례군 토지면, 마산면, 광의면, 신동면 일부
	목포	북항, 유달산, 원도심, 삼학도, 갓바위, 평화광장 일원 (목포해안선 주변 6개 권역)
경북 (3)	경주시	경주 시내지구, 보문지구, 불국지구
	백암온천	울진군 온정면 소태리 일원
	문경	문경시 문경읍, 가은읍, 마성면, 농암면 일원
경남 (2)	부곡온천	창녕군 부곡면 거문리, 사창리 일원
	미륵도	통영시 미수1 · 2동, 봉평동, 도남동, 산양읍 일원
제주도	제주도	제주도 전역(부속도서 제외)
13개 시 · 도 31개소		

▪ 국립공원 지정현황

지정순위	공원명	위치	공원구역		비고
			지정연월일	지정면적(㎢)	
1	지리산	전남 · 북, 경남	67.12.29	471.758	
2	경주	경북	68.12.31	138.715	
3	계룡산	충남, 대전	68.12.31	64.683	
4	한려해상	전남, 경남	68.12.31	545.627	해상 395.479
5	설악산	강원	70.3.24	398.539	
6	속리산	충북, 경북	70.3.24	274.541	
7	한라산	제주	70.3.24	153.386	
8	내장산	전남 · 북	71.11.17	81.715	
9	가야산	경남 · 북	72.10.13	77.074	
10	덕유산	전북, 경남	75.2.1	231.650	
11	오대산	강원	75.2.1	303.929	

지정 순위	공원명	위치	공원구역		비고
			지정연월일	지정면적(㎢)	
12	주왕산	경북	76.3.30	107.425	
13	태안해안	충남	78.10.20	326.574	해상 289.543
14	다도해해상	전남	81.12.23	2,321.512	해상 1,986.684
15	북한산	서울, 경기	83.4.2	79.916	
16	치악산	강원	84.12.31	181.631	
17	월악산	충북, 경북	84.12.31	287.977	
18	소백산	충북, 경북	87.12.14	322.383	
19	변산반도	전북	88.6.11	56.100	해상 9.196
20	월출산	전남	88.6.11	154.715	
21	무등산	광주	13.3.4	75.425	
계				7,313.260	육지 4,632.358(3.8%) 해면 2,680.902(2.5%) * 전국토의 6.3%

자료 : 국립공원 관리공단 2015년 고시 작자 재구성

참고문헌

김종은, 관광자원 해설론, 백산출판사, 2012
김종은・이상춘, 관광지리자원론, 백산출판사, 2007
김종옥, 관광자원관리론, 대왕사, 1997
김창수, 테마파크의 이해, 대왕사, 2007
박경식, 우리나라의 석탑, 역민사, 1999
박석희, 신관광자원론, 대왕사, 2012
이봉석 외 5인, 관광자원론, 대왕사, 2001
서철현 외 2인, 관광자원해설론, 대왕사, 2002
신우성, 관광자원의 이해, 기문사, 2004
이상춘, 관광자원론, 백산출판사, 2014
이장춘, 관광정책학, 대왕사, 2001
이충기・권경상・김기엽, 카지노산업의 이해, 일신사, 2009
안종수, 세계관광, 백산출판사, 2007
안종수, 한국관광지리, 백산출판사, 2016
윤병국・이승곤, 관광학 개론, 새로미, 2007
오상훈・임화순・고미영, 현대 여가론, 백산출판사, 2006
유도재, 리조트 경영론, 백산출판사, 2006
한국관광학회, 관광학총론, 백산출판사, 2010
이후석, 관광자원의 이해, 백산출판사, 2011
한국관광공사, 국제회의 참가자 실태조사, 2007
한국골프장경영협회, 전국골프장 현황, 2012
한국스키장경영협회, 전국스키장 현황, 2012

Baker, M. L., National Parks: Conservation and Agrarian Reform in Peru Geographical Review, Vol. 70, No. 1, 1980

Baker, M. L., Traditional Landscape and Mass Tourism in the Alps, Geographical Review, Vol. 72, No. 4, 1982

Gunn, C. A., Tourism Planning, New York : Crane Russak, 1979

McIntosh. R. W., Tourism : Principles, Practices, Philosophies, John Wiley & Sons, Inc., 1986

Robinson, H., 1981, Population and Resources, Harry Robinson.

http://ko.lasvegas.com

http://kr.france.fr

http://world-tourism.org

http://www.australia.com/ko-kr

http://www.discoverhongkong.com/kr

http://www.kcti.re.kr/

http://www.knto.or.kr

http://www.visitchina.or.kr/

http://www.visitthailand.or.kr

http://www.welcometojapan.or.kr

| 저자소개 |

안종수

前) 호남대학교 교수
한국관광학회 부회장
한국해양관광학회 회장
現) 호남대학교 초빙교수
한국해양관광학회 고문
한국해양관광연구소장
이메일 : jongsooahn@hanmail.net

▮논문

가족 관광행동에 관한 연구
한강 여가공간개발에 관한 연구 外 多數

▮저서

세계관광(백산출판사)
세계문화관광(백산출판사)

김건

前) 호남대학교 관광경영학과 교수
現) 중부대학교 호텔경영학과 교수
관광연구학회 학술이사
호텔리조트학회 이사
대한관광경영학회 이사
이메일 : kg0000@joongbu.ac.kr

▮저서

호텔레스토랑식음료서비스론(백산출판사, 공저)

관광자원론

2016년 8월 15일 초판 1쇄 인쇄
2016년 8월 20일 초판 1쇄 발행

지은이 안종수 · 김건
펴낸이 진욱상
펴낸곳 백산출판사
교 정 조진호
본문디자인 박채린
표지디자인 오정은

저자와의 합의하에 인지첩부 생략

등 록 1974년 1월 9일 제1-72호
주 소 경기도 파주시 회동길 370(백산빌딩 3층)
전 화 02-914-1621(代)
팩 스 031-955-9911
이메일 edit@ibaeksan.kr
홈페이지 www.ibaeksan.kr

ISBN 979-11-5763-274-9
값 18,000원